Daniela GOLUBEVA

El secreto de las Best Friends

Papel certificado por el Forest Stewardship Council®

Primera edición: noviembre de 2019

Diseño de cubierta: Penguin Random House
Grupo Editorial / Paola Timonet

Printed in Spain – Impreso en España

ISBN: 978-84-17736-63-7
Depósito legal: B-17.646-2019

Compuesto en Infillibres, S. L.

Impreso en Limpergraf
Barberà del Vallès (Barcelona)

BL 3 6 6 3 A

Penguin
Random House
Grupo Editorial

Daniela Golubeva

Ilustraciones de Judit Mallol

B DE BLOK

INTRODUCCIÓN

—¡Hola, amigos! ¿Qué tal estáis? Hoy voy a hacer un reto que seguro que os encanta. Voy a vivir 24 horas dentro de... ¡un fuerte hecho con cojines y sábanas! Esperad, que muevo la cámara para que lo veáis.

La verdad es que mi pequeña obra arquitectónica había quedado **SUPERBIÉN**. ¿Te he contado que tengo una técnica infalible para construir fuertes? ¡No se caen nunca! Había desmontado todo el sofá y con los cojines enormes que tiene había hecho las paredes. Luego había cogido las sillas de la cocina, las había puesto alrededor en círculo, había extendido una sábana entre los respaldos por encima de las paredes-cojín y... **¡YA TENÍA TECHO!** Ahora **SOLO** tenía que meterme dentro y grabar el reto. ¡Era una idea genial para subir a mi canal!

—Os explico cómo lo he hecho. Veréis: las paredes son los cojines del sofá, y... —De repente la sábana que había puesto de techo se movió como si alguien la hubiese golpeado **DESDE EL INTERIOR**. Me pegué tal susto que por poco se me cayó la cámara. ¿Qué podía haberse metido allí dentro? Me asomé por el agujero que había dejado para poder entrar al fuerte y... **¡ALLÍ ESTABA ERIKA!** ¡Qué difícil es hacer vídeos para YouTube con una hermana pequeña! Ahora tenía que convencerla para que saliera de entre los cojines. Suerte que la conozco bien y sabía exactamente qué tenía que decir para conseguirlo.

—**¡VA, SAL, PORFA!** Si sales, podemos grabar un vídeo de baile justo después. ¿Qué te parece?

Y Erika salió de debajo de la sábana rápida como una flecha, pidiéndome que le enseñara pasos nuevos de **HIP-HOP**. ¡Menos mal!

Verás, ahora mismo estoy viviendo en Rusia, en una ciudad enorme que se llama San Petersburgo, donde voy a una academia de baile. Por eso nunca me faltan pasos que enseñarle a Erika. ¡Cada día aprendo **MUCHÍSIMOS**! Me encanta ir a bailar allí con mis amigas, y mis profesores son todos geniales. Incluso Boris, el profesor de **JAZZ-FUNK** que al principio era muy muy serio, acabó siendo uno de mis preferidos. Pero todo esto lo explico mucho mejor en mi última aventura: *Un viaje increíble*. Si aún no la has leído, **¡NO TE LA PIERDAS!**

En este nuevo libro nos esperan aún más sorpresas, risas e historias increíbles. ¿Que te diga cuáles? ¡No quiero hacerte ningún **SPOILER**! Bueno, vale, te doy una pista; vuelvo a hacer un viaje superguay con toda mi familia, pero esta vez nos vamos... ¡a Benidorm!

CAPÍTULO 1

Todo empezó un día al llegar a casa. **¡ESTABA AGOTADA!** Me había pasado toda la tarde con Natasha haciendo **TIKTOKS** y riéndonos **MUCHÍSIMO**. Natasha es mi mejor amiga en Rusia. A las dos nos encanta bailar y vamos juntas a la misma academia de baile. Es una suerte, ¿verdad?

Nos conocimos por casualidad en el avión, yendo desde España hacia Rusia. Tenemos tantas cosas en común que nos cambiamos la maleta sin querer y casi no nos dimos ni cuenta. Ella también es medio **RUSA**, medio **ESPAÑOLA**, ¡como yo! Sí sí, esto te lo tengo que explicar un poco mejor. Pero si quieres conocer toda la historia de cómo nos conocimos Natasha y yo, te recomiendo que leas *Un viaje increíble*. ¡Fue un encuentro como de **PELÍCULA**!

Como te decía, estaba volviendo de casa de

Natasha y tenía muchas ganas de llegar a mi cuarto, abrir el **DIARIO** y escribir en él lo que habíamos estado haciendo. Me encanta escribir sobre cualquier cosa; mis amigos, mi familia o algo que me guste. Si he hecho algo **SUPERGUAY** durante el día, lo apunto todo para no olvidarme de las cosas que me han hecho reír. Así, si en algún otro momento no estoy especialmente alegre, cojo el diario, lo leo y me animo enseguida. Pruébalo, ya verás. **¡FUNCIONA SIEMPRE!**

Llegué corriendo por el pasillo, abrí la puerta de la habitación y de repente... Pero ¿qué narices había pasado allí? ¡Estaba **TODO** patas arriba! Parecía que había entrado un huracán por la ventana. Las puertas del armario estaban abiertas de par en par y había ropa por todas partes. ¡Hasta encima del escritorio! Miré a mi alrededor con las manos en la cabeza. Qué **DESASTRE**, ¡tardaría horas en ordenarlo todo! ¿Quién podría haber sido? Pero, un momento... ¿eso eran mis gafas de sol en el pasillo?

Salí de mi habitación y, justo detrás de las gafas de sol, en el suelo, había un calcetín. Y justo detrás, **¡MI BOLSO PREFERIDO!** Miré un poco más allá y me di cuenta de que había un montón de cosas mías, todas en fila, como si alguien hubiese dejado un camino de migas de pan. Estaba claro que, fuera quien fuese el que había armado todo ese follón, estaría al final de esa **PISTA**. Seguí el rastro de ropa con la vista y el camino llevaba directamente... Claro, ¡a la habitación de Erika!

Erika es mi hermana pequeña. Tiene solo tres años, pero **¡YA LO REVOLUCIONA TODO!** Le encanta el parque e ir de arriba abajo con su patinete de tres ruedas. A veces los hermanos pequeños pueden ser un poco pesados, porque siempre quieren hacer lo mismo que tú y encima se libran de todas las broncas, pero la verdad es que Erika **MOLA UN MONTÓN**. Vale, sí, de alguna bronca sí que se ha librado. Pero nos llevamos superbién. ¡Sabe comer sushi con palillos! ¿Se puede tener una hermana de tres años **MÁS GUAY**? Me sigue a todas partes y, como también le encanta bailar y cantar, siempre acabamos en mi habitación montando **KARAOKES** improvisados. A veces, me pide que le enseñe las coreografías que hacemos en la academia, que son muy complicadas. ¡No sé de dónde saca **TANTA ENERGÍA**!

Y es que, además, Erika también es **YOUTUBER**. Bueno, no lo hace todo ella sola, claro, aunque le gustaría. Le encanta hacer **SLIME** de colores y jugar con sus juguetes. Estoy segura de que cuando crezca será aún más alucinante de lo que ya es ahora.

Pero en ese momento no me parecía alucinante para nada. Fui recogiendo mis cosas yendo en dirección a la habitación de Erika y, al abrir su puerta... ¡me la encontré vestida con mi ropa de pies a cabeza! Pero no solo eso. ¡Se había dedicado a coger ropa de todo el mundo! Llevaba puestos unos zapatos de mi madre y una **CORBATA** de mi padre como cinturón. Y todo le iba enorme. Cuando me vio en la puerta, ¿te crees que le supo mal que la hubiera pillado? ¡Qué va! Hizo una pose de **MODELO** y me saludó como si fuera la reina de Inglaterra. Yo no pude aguantar más la cara de seria y empecé a llorar de risa hasta caerme al suelo. ¿Sabes cuando te duele la barriga y no puedes respirar de tanto reír? Pues estaba **EXACTAMENTE** así.

Es imposible enfadarse con Erika cuando se pone a hacer de las suyas. Le di el bolso que llevaba en la mano para acabar de completar el **OUTFIT** y estaba todavía más divertida que antes. Entonces se me ocurrió una **IDEA GENIAL**. Aún no tenía vídeo para esa semana, así que... ¡Iba a disfrazar a Erika con toda mi ropa! Pero ¿y si, además, yo me ponía la suya? ¡Haríamos un pase de modelos **DI-**

VERTIDÍSIMO! Claro que sería literalmente imposible que fuera serio, porque a ella le quedaría todo enorme y a mí pequeñísimo. A las dos nos encanta probarnos ropa, así que seguro que nos lo pasaríamos genial.

Decidimos que, además de grabar el vídeo con el móvil, nos haríamos fotos haciendo las **POSES** más divertidas que se nos ocurrieran. ¿Quieres ver cómo quedaron?

Nos pasamos lo que quedaba de tarde en la habitación de Erika probándonos los conjuntos más raros que se nos pasaban por la cabeza. Erika estaba **BRUTAL** con mis gafas de sol. A mí sus faldas no me pasaban ni por las rodillas. ¡Tenía que desfilar como un pingüino!

No nos dimos cuenta de todo el ruido que estábamos haciendo hasta que mi madre, Katia, abrió la puerta de la habitación y nos vio a las dos delante del espejo haciéndonos **SELFIS**. Ni te imaginas la cara que se le quedó cuando vio las pintas que llevábamos.

—Pero ¿qué está pasando aquí? ¿Y qué hace toda esta ropa **POR EL SUELO**?

Le entró un **ATAQUE DE RISA** cuando le enseñamos las fotos que nos habíamos hecho. Quiso hacerse una con nosotras y ¡se la acabó poniendo de **FONDO DE PANTALLA DEL MÓVIL**! Suerte que mis padres no son de los que se enfadan por cualquier cosa y no te dejan pasarlo bien. Más bien es al revés. Mi padre, José Luis, y mi madre se apuntan a casi todas las locuras que se nos ocurren a mí y a Erika, y a veces son ellos mismos los que nos proponen ideas geniales que luego utilizamos para hacer vídeos superdivertidos. Tengo la familia más ***YIPPEE*** del mundo, que es como decir que es la más alegre, simpática, divertida, alucinante y... en fin, eso, ***¡YIPPEE!***

—Bueno —continuó mi madre después de guardar el teléfono—. Ya que tenéis **TODA LA ROPA** fuera de los armarios, aprovechad para escoger la que os queréis llevar.

—¿Llevar? ¿Adónde? —preguntamos Erika y

yo a la vez. Bueno, yo pregunté. Erika directamente soltó **UN GRITO DE ALEGRÍA**. Mi madre nos miró con cara de misterio.

—Pues, chicas... ¡Nos vamos a Benidorm en una semana! Así que ya podéis empezar a planear todo lo que queréis hacer. Aunque tengo la sensación de que no nos aburriremos para nada.

Después de esa frase tan extraña, mi madre salió de la habitación. ¿Qué había querido decir? Y, ¿me lo había parecido a mí o me había guiñado el ojo? No entendía nada, pero estaba **TAN EMOCIONADA** que casi ni pensé en ello. Porque... **¡QUÉ FUERTE!** Hacía un montón que no íbamos a Benidorm. Sí, ahora te lo puedo explicar un poco mejor. De vez en cuando mi familia y yo cruzamos el mundo y vamos a vivir a España una temporada. **ES DE LOCOS**, ¿no? Como mi madre es rusa y mi padre es español, vivimos la mayor parte del año en Rusia y luego, de vez en cuando, volvemos a Benidorm durante un par de meses. La verdad es que **ME ENCANTA**.

Cada sitio tiene sus cosas geniales, ¡y yo puedo disfrutar de todo!

Corrí a mi habitación para pensar qué quería llevarme de viaje, cargada con toda la ropa que Erika se había estado probando. Empecé a seleccionar y a plegarlo todo encima de la cama. Pero de golpe y porrazo, cuando ya pensaba que lo tenía casi todo listo, me acordé de... **¡MI DIARIO!** Con todo el misterio de la habitación desordenada y el pase de modelos con Erika, me había olvidado de él por completo. A veces soy un poco **DESPISTE**. Tenía que llevármelo a España para poder seguir escribiendo allí. Pero... ¿dónde estaba? Había revuelto toda mi habitación y no había ni rastro de él. A no ser...

Volví corriendo a la habitación de Erika y miré atentamente por todas partes. Y justo cuando pensaba que no lo encontraría... **¡AHÍ ESTABA!** Además de llevarse mi ropa, me había cogido también el diario y lo había metido entre todos sus peluches. ¡Tiene un montón! Su favorito, igual que el mío, es el **UNICOR-**

NIO ROSA. Pero entre tantos y tantos animales peludos, ¡había encontrado el diario de pura casualidad! Y tú, ¿eres capaz de verlo?

CAPÍTULO 2

Ahora que ya había encontrado el diario, ¡tenía unas **GANAS LOCAS** de escribir sobre el día tan genial que había tenido! Como ya te he dicho, **ME ENCANTA** anotar todo lo que me pasa para no olvidarme de nada. Pero este día había sido tan guay que casi no sabía ni por dónde empezar. Aunque si quería explicarlo todo... mejor empezar por el principio, **¿NO?**

Una cosa que aún no te he contado es que cada vez me gusta más **COCINAR**. Todavía no se me da muy bien y mis padres me tienen que ayudar cuando intento hacer platos más difíciles, pero la verdad es que me encanta. Lo que más me gusta preparar son... ¡**PANCAKES**, mi desayuno preferido! ¡Son tan blanditos! Esa misma mañana, Erika, mi padre y yo habíamos decidido hacer un plato de pancakes para

cada uno. Seguimos la receta y nos estaban quedando **FANTÁSTICOS**, pero hacerlos siempre igual es un poco rollo, **¿VERDAD?** Me encanta ser creativa con la comida, así que Erika y yo nos pusimos a pensar en cómo hacer que el desayuno fuera aún más guay, y se nos ocurrió una idea brillante. ¿Por qué no hacer un volcán de pancakes?

Los pusimos todos en el mismo plato, haciendo forma de montaña, y arriba de todo tiramos el **SIROPE** como si fuese lava fundida. Nos quedó un volcán tan alto que Erika tuvo que subirse a la mesa para poder comerse el primero. Cuando mi padre vio el invento no sabía si llevarse las manos a la cabeza o aplaudir. ¡Nos había quedado **IMPRESIONANTE**! Si quieres probar nuestra receta de pancakes (ten cuidado, ¡están buenísimos y son superadictivos!), aquí te la dejo. ¿Se te ocurre alguna otra manera original de comer pancakes?

Pero no nos despistemos. Tenía que seguir escribiendo y explicar la supersorpresa que nos había dado mi madre hacía solo un rato. **¡NOS ÍBAMOS A**

INGREDIENTES:

- 150 G HARINA DE TRIGO
- 1 CUCHARADA SOPERA AZÚCAR
- 8 G LEVADURA
- 1 PIZCA DE SAL
- 200 ML LECHE
- 1 HUEVO
- 1 CUCHARADITA MANTEQUILLA

1 MEZCLAR EN UN BOL LA HARINA, EL AZÚCAR, LA LEVADURA Y LA SAL.

2 DERRITE LA MANTEQUILLA Y MÉZCLALA CON EL HUEVO Y LA LECHE EN OTRO BOL.

3 MEZCLAR POCO A POCO EL CONTENIDO EN EL OTRO BOL.

COGER UNA SARTÉN ANTIADHERENTE CON EL FUEGO A TEMPERATURA MEDIA-ALTA. 4

5 VIERTE UN POCO DE MASA Y CUANDO VEAS QUE HACE BURBUJITAS... ¡ESTARÁ LISTA PARA DARLE LA VUELTA! VE COLOCÁNDOLAS EN UN PLATO Y... ¡LISTO!

BENIDORM! No me lo podía creer. Tenía muchísimas ganas de volver a ver a todos mis amigos de allí, de estar en mi cuarto y de tirarme a la piscina. Porque, ¿sabes? la vida en Rusia no tiene nada que ver con la vida en Benidorm. Aquí estoy todo el día haciendo cosas: clases de baile, deberes del colegio... ¡Hasta me he apuntado a **CLASES DE CANTO**! Es mi nueva afición. Fuimos al karaoke una tarde con mis amigas de danza y nos lo pasamos tan tan bien que decidí ponerme en serio. Ya ves, San Petersburgo es una ciudad enorme; siempre hay algo que hacer y sitios adonde ir. ¡A veces me da la sensación de que voy **A MIL POR HORA**!

En cambio, la vida en Benidorm siempre es tranquila y tienes un montón de tiempo para hacer **TODO** lo que te apetezca. Vale, sí, a veces puede ser un poco aburrida, pero cuando vas todo el día de arriba abajo puedes acabar un poco estresada, y al llegar a Benidorm enseguida noto como todo se relaja. Además, en España hay muchas cosas que nunca podría encontrar en Rusia. ¿Como **CUÁLES**, dices? Bueno, pues para empezar, ¡**MIS AMIGOS**, claro! En Benidorm vive Ana, que es mi mejor amiga española. Le encanta viajar y pinta de maravilla. ¡Es una artista! Hacemos muchos Skypes y nos enviamos un montón de **VÍDEOS GRACIOSOS** cuando estamos separadas, pero siempre que vuelvo a Benidorm me doy cuenta de que salir con ella y hacer el tonto estando juntas... ¡es mucho mejor que a través del ordenador o el móvil!

Otra de las cosas que más me gustan de Benidorm es... **¡COMER SANDÍA!** Ya sé que no parece gran cosa, pero es que está tan buena... ¡y es superfresca! La comida rusa también me encanta, claro. Hay cosas **RARÍSIMAS** que seguro que te harían alucinar, pero que aquí son la mar de normales. Como la limonada Tarhun, que en lugar de ser amarilla... ¡es de color verde **NEÓN**! Y está buenísima, pero la verdad es que la sandía, aunque no parezca nada especial, me vuelve loca.

También echo de menos poder bañarme en mi **PISCINA**. Es enorme, y siempre acabamos llenándo-

la de flotadores de muchísimas formas diferentes. Tengo uno en forma de flamenco, otro en forma de piruleta, otro en forma de helado, ¡y hasta uno que parece unas alas gigantes! Pero mi preferido es el que tiene forma de unicornio. ¡Es **TAN GRANDE** que cabemos Erika y yo juntas!

HUMMM... ya sé lo que estás pensando. «Pero... **¿Y LA PLAYA?** ¡Todo el mundo sabe que Benidorm tiene unas playas preciosas!» Y es verdad, ir a la playa con mi familia también es superdivertido y es algo que en Rusia, bueno, no se puede hacer tan fácilmente. Pero si me hicieran escoger entre la playa y la piscina, la piscina ganaría seguro. Vale, sí, la playa está muy bien porque tiene olas y puedes bucear y está todo lleno de peces. Pero igual que hay peces también hay... ¡medusas! **¡ARGH!** Una vez me pareció ver una y salí del agua tan rápido que podría haber batido un récord en las Olimpiadas. Mi padre se rio de mí porque al final no era nada, pero ¿y si me hubiese picado? ¡Mejor no arriesgarse! A Erika le encanta la playa, no tiene miedo de las medusas y se pasaría todo el día haciendo castillos de arena. Pero, para mí, ese es el otro problema. **¡LA ARENA!** Se te mete por todas partes y luego, si no te la quitas bien, al subir al coche lo dejas todo perdido. En la piscina, en cambio, hay hierba o piedra y te puedes tumbar sin preocuparte. Además de que, si estás en la piscina, ¡te puedes tirar en bomba!

Y tú ¿qué opinas? Pregunta a tus amigos si son más de playa o más de piscina, ¡a ver cuál de las dos opciones tiene más likes!

VOTAR PLAYA

Ya llevaba un buen rato escribiendo en el diario. ¡Era casi hora de cenar! Me levanté y fui corriendo a la cocina para ver si podía ayudar a preparar algún plato. Porque, ya lo sabes, cuando quieres aprender a hacer algo no hay nada mejor que practicar, equivocarse, practicar y... **¡PRACTICAR!**

CAPÍTULO 3

La semana había pasado **VOLANDO**. Era el día de coger el avión hacia Benidorm. ¡Casi no me lo podía creer! Salimos de casa y nos fuimos en taxi hacia el aeropuerto. Al llegar dejamos las maletas en el mostrador y caminamos hacia la puerta de embarque. No tardamos casi nada en subirnos al **AVIÓN**. La azafata era muy simpática y, al ver que éramos una familia de cuatro, nos dijo que podíamos ir sentados todos juntos en el pasillo central.

Si lo miras en el mapa, San Petersburgo está bastante bastante lejos de España. ¡Concretamente, a tres mil doscientos veintinueve kilómetros! Pero en avión se tardan solo cinco horas en llegar. Puede parecer mucho rato, pero ahora ya estoy acostumbrada. Además, te van trayendo comida y te ponen una pantalla con pelis y juegos para que vayas entretenido. ¡Mola bastante!

La columna de asientos del medio tenía cuatro asientos seguidos, así que mi madre, mi padre, Erika y yo podríamos estar juntos todo el viaje. **¡QUÉ GUAY!** Mi madre se sentó a la izquierda de todo, mi padre en el asiento siguiente, luego Erika y, en el asiento de más a la derecha, yo. Desde donde estábamos casi no veíamos nada por las ventanas porque estaban un poco lejos, pero por lo menos podíamos levantarnos cuando quisiéramos sin molestar a nadie.

¿Has hecho alguna vez algún viaje en avión de más de dos horas? Aunque en el asiento de delante tengas la pantalla de la que te he hablado, yo siempre intento llevarme cosas de más para no aburrirme, por si acaso. Puedes **LEER** un libro o **JUGAR** a algo con el móvil... ¡Así, el tiempo pasa mucho más rápido! La última vez que volé de España a Rusia tuve la suerte de conocer a Natasha. Ya ves; aunque no lo parezca, en un avión se puede hacer de todo. ¡Hasta conocer a **GENTE NUEVA**!

Pero he de reconocer que, hagas lo que hagas, siempre llega un momento en el que te quedas **SIN IDEAS**. Ya no sabes qué hacer para entretenerte y, entonces, pasa lo inevitable. Llevábamos un par de horas volando y, como si fuera cosa de **MAGIA**, de golpe nos entró a todos un sueño de muerte. ¿Sabes? Conseguir dormir a gusto en un avión es superdifícil. ¿Te has parado alguna vez a mirar a la gente que se queda dormida en el asiento? Acaban roncando en las posturas **MÁS EXTRAÑAS** que te puedas imaginar. Y es que al final se te salen los pies por el pasillo, se te cae la manta, el cojín se resbala, la cabeza se te va hacia todos lados... Si te despistas, ¡hasta puedes acabar durmiendo encima del que tengas al lado! La verdad es que, ahora que lo pienso, es **BASTANTE DIVERTIDO**.

Como no estábamos muy cómodas, Erika, mamá y yo nos acabamos despertando al poco rato. Pero mi padre, en cambio, había encontrado la postura **PERFECTA** y estaba roncando a pierna suelta con la cabeza echada un poco hacia atrás. Hasta se

1
Z Z Z
2
Z Z Z
3
Z Z Z
4
Z Z Z

le abría la boca de lo a gusto que estaba. ¡Era supergracioso, estaba monísimo! Como nosotras no teníamos más sueño, empezamos a hacernos **FOTOS** con él sin que se diera cuenta. Intentábamos no reírnos mucho para no despertarlo, pero era casi imposible. Y entonces a Erika se le ocurrió un juego divertidísimo. Ya os he dicho que nos encanta hacerle bromas **¿NO?** Con mucho mucho cuidado, Erika cogió un cojín de los que nos habían dado en el avión y se lo puso encima a mi padre. Y luego otro, y luego otro más, haciendo una montaña. Yo, que entendí enseguida lo que se proponía, cogí uno de los zapatos que Erika se había quitado y, también con muchísimo cuidado y conteniendo la respiración, se lo puse encima del hombro. Luego, mi madre, que también había entendido la broma, cogió sus gafas de sol y se las puso a mi padre sobre la nariz, **SÚÚÚPER** poco a poco. Hasta conseguimos que se le aguantara mi cargador de móvil encima de la cabeza. Estaba tan gracioso que tenía que grabarlo en **VÍDEO**. Nos habíamos inventado... ¡el Reto del Bello Durmiente!

Z
Z
Z

Las normas eran muy sencillas: teníamos que ponerle encima todo lo que se nos ocurriese y perdía quien lo despertase sin querer. Mi padre acabó cubierto de los objetos más **RANDOM** que nos encontramos en el avión. Revistas, mi libro, todas las mantas, una botella de agua vacía... ¡Y seguía sin despertarse! Cada vez que conseguíamos que algo se aguantara encima de él nos teníamos que tapar la nariz para que no se nos escapara una carcajada. Pero justo cuando Erika iba a ponerle casi en la cara su peluche de **UNICORNIO**, ¡mi padre se despertó de golpe!

Todas las cosas que le habíamos ido colocando se desparramaron por los asientos y por todo el suelo. Pero lo mejor fue la cara de mi padre, que no entendía nada y aún llevaba las gafas de mi madre puestas.

—Dani, Erika, ¿qué ha pasado? ¿Hemos llegado ya? ¿De qué os reís tanto? ¿Y por qué está todo tan oscuro?

Acabamos las tres **LLORANDO** de la risa. Cuan-

do le enseñamos el vídeo no se lo podía creer. Declaramos que mi madre era la ganadora del reto por haber conseguido ponerle las gafas de sol. Aunque, en el fondo, lo mejor de los retos no es ganarlos, sino **REÍRTE TANTO** como nos habíamos reído haciendo este. Y ya te he dicho que cuando te lo pasas bien el tiempo **VUELA**, ¿verdad?. Tanto tanto, que cuando miramos el reloj casi no nos lo podíamos creer. Quedaba apenas una hora y media para llegar a Benidorm. **¡POR FIN!**

CAPÍTULO 4

Cuando bajamos del avión yo me estaba **MURIENDO** de hambre. Fuimos a por las maletas y, yendo hacia la salida, le pedí a mi padre que pasáramos por la cafetería del aeropuerto a comprar algo de comer. Pero por alguna razón que no acababa de comprender, teníamos **MUCHA** prisa.

—Porfa porfa, me suena la barriga del hambre que tengo. **¡ESCUCHA!** ¿No la oyes?

—Anda, Dani, no seas exagerada

—me respondió él—. Venga, no te entretengas, vamos hacia la salida.

—Pero ¿por qué? ¡Si es un momento de nada!

—Tú hazme caso. Nos espera un **TAXI ESPECIAL**, ¡no hay que hacerlo esperar! Además, cuando lleguemos a casa seguro que hay comida de sobra, ya verás.

¿Un taxi especial? ¿Comida de sobra? Pero ¿se podía saber de qué estaba hablando? Hasta donde yo sabía un taxi era un taxi y, además, había un montón. ¿Qué más daba uno que otro? ¿Y por qué mi padre no paraba de mirar el móvil todo el rato?

Llegamos a la salida casi corriendo. Había un montón de gente agolpada esperando a sus familiares y amigos, y mucha gente llevaba cartelitos **MUY ORIGINALES** con el nombre de la persona que tenía que llegar, a veces complementado con alguna frase divertida. Realmente, era muy bonito, pero yo no podía parar de pensar en mi estómago vacío y en qué podría comer al llegar a casa. ¡No podía más! Estaba a punto de escaparme corriendo a la cafetería cuando, de repente, vi **BRILLAR** algo entre la gente que esperaba a los que salíamos del avión. Me fijé un poco más y, cuando conseguí ver lo que era, se me pasó el hambre de golpe. Había un cartel **GIGANTE** en el que ponía: «**¡BIENVENIDA, DANIE-LA!**» Y justo debajo, sujetándolo, estaba...

¡ANA! Mi mejor amiga y toda su familia nos estaban esperando con una pancarta enorme hecha con toneladas de **GLITTER** de miles de colores. ¡Qué pasada, no me lo podía creer! Solté la maleta y fui corriendo hacia ellos **LOCA** de alegría. Me tiré encima de Ana para abrazarla y por poco nos caemos las dos al suelo. No podíamos parar de gritar.

—¡Qué guay, qué guay, qué guay! **¡QUÉ FUERTE!** —Yo aún no me lo creía. Por eso teníamos tanta prisa por salir, ¡y por eso mi padre había estado mirando el móvil todo el rato! Probablemente, estaban planeando la bienvenida.

—¡Sorpresa! ¡Qué ganas tenía de verte!

—¡Y yo a ti!

—Bueno bueno, chicas, ¡no gritéis tanto! —Raquel, la madre de Ana, se acercó a nosotras riendo mientras recogía la pancarta, que entre tanto abrazo se había caído al suelo—. Hola, Daniela, ¡me alegro de verte!

Mis padres se acercaron con las maletas y saludaron a la familia de Ana. Yo no podía estar **MÁS**

FELIZ. ¡Hacía mucho, demasiado tiempo que no nos veíamos! Vale, sí, hablábamos casi todos los días, pero ya te he dicho que no es lo mismo que hablar cara a cara. ¡Tenía tantas cosas que contarle! Y teníamos que planear todo lo que íbamos a hacer durante esos días, y...

Y de repente mi estómago hizo un **RUIDO** que se oyó por todo el aeropuerto. Con toda la emoción se me había olvidado el hambre que tenía y mi estómago había decidido recordármelo. Los padres de Ana se rieron a carcajadas. **¡QUÉ VERGÜENZA!**

—¡Parece que alguien tiene hambre! Mejor vamos yendo hacia la furgoneta, ¡así no llegaremos tarde!

Y sin decir otra palabra, todos se pusieron a andar hacia el parking. ¿Tarde, otra vez? ¿Quién nos esperaba ahora?

—¿Llegar tarde? ¿Adónde? —le pregunté a Ana. Y ella, en lugar de responderme, me **GUIÑÓ** el ojo con cara de estar pasándoselo en grande e hizo como quien oye llover. Pero ¿se puede saber cuántos **MISTERIOS** caben en un solo día?

Así que salimos hacia el parking del aeropuerto. Yo iba distraída intentando averiguar qué se traía Ana entre manos. Quizá teníamos reserva en algún restaurante superchulo, o quizá venía a buscarnos una de esas limusinas enormes de color rosa chicle. O quizá...

¡POOM! De repente, me pegué un golpetazo contra algo. Ana, que iba a mi lado, se giró enseguida para ver si me encontraba bien. ¡Se me había caído la maleta y todo! Cuando me levanté para ver contra qué me había chocado me di cuenta de que no era «algo». **ERA ALGUIEN**.

—Ostras, ¡lo siento! Iba sin mirar, ha sido...

—¿Daniela?

Miré hacia arriba, y... No me lo podía creer. ¡Era **POLINA**! Pero ¿qué hacía en Alicante?

Polina es una de mis mejores amigas en Rusia. Es **LA MEJOR** bailarina de la academia, y no por casualidad. ¡Trabaja y ensaya muchísimo! Vale, sí, todas nos esforzamos, pero Polina es de ese tipo de personas que exige el **MÁXIMO** de sí misma y no se conforma con hacerlo medio bien. Al principio pensaba que sería una de esas personas serias y **REPIPIS** que no piensan en nada más que en ser las primeras en todo, pero lo mejor de Polina es que, además de ser buenísima en lo que hace, es simpática y generosa con los demás. Siempre está dispuesta a enseñarte todo lo que sabe y a ofrecerte todo su apoyo. Si cualquier día necesitara su ayuda, sé que me echaría una mano sin dudarlo.

Y sí, todo esto está muy bien, pero ¿qué hacía Polina allí, en el aeropuerto, a miles de kilómetros de Rusia?

—¡Polina! Pero... ¿qué haces en Alicante? ¡Qué casualidad habernos encontrado! —Yo seguía **FLIPANDO**, pero Polina ahora se reía de mí.

—¿No te acuerdas? Te dije que vendría a España a aprender castellano. Estaré en casa de los abuelos de Natasha durante una semana. ¡Pero no sabía que tú también estarías aquí!

Era verdad, **¡QUÉ DESPISTE!** Como mi madre nos avisó con tan poco tiempo ni siquiera recordé decirle a Polina que coincidiríamos. ¡Suerte que nos habíamos chocado!

Ana, al ver que hablábamos, se acercó para presentarse.

—Polina, esta es mi mejor amiga, Ana. Ana, esta

es Polina. No habla mucho español, pero ha venido para aprender, así que... ¡podríamos dejar que practique con nosotras!

—¡Claro que sí! Hola, Polina, encantada de conocerte.

Polina puso cara de concentración y cogió aire como si estuviese a punto de saltar a la piscina.

—Grrracias, Ana, encantada yo también —respondió con acento **RUSO**. Ana y yo nos reímos, ¡pero lo hacía mucho mejor de lo que yo me esperaba! Con un poco de práctica y tiempo, acabaría hablando el idioma **PERFECTAMENTE**.

Ana se giró hacia mí y puso cara de emoción.

—Creo que Polina tiene que venir con nosotras. Se lo pasará genial y así empezará a practicar desde ya.

Me pareció una idea **FANTÁSTICA**. Se lo propusimos a Polina y, después de llamar por teléfono y hablar con los abuelos de Natasha, nos dijo que podía ir donde quisiéramos. A nuestros padres también les pareció bien (ya te he dicho que tengo la

familia más **YIPPEE** del mundo, ¿verdad?), así que continuamos nuestro camino hacia la furgoneta. ¡Suerte que era un coche de los grandes! Tuvimos que hacer un **TETRIS** casi imposible para meter todas las maletas, pero al final lo conseguimos.

Una vez sentados en el coche volví a notar el hambre que tenía. Mi estómago estaba tan vacío que ya no tenía fuerzas ni para hacer ruido. Tenía unas ganas tremendas de llegar a casa y comer algo. Porque... ¿íbamos a casa, no? Yo aún seguía dándole vueltas al guiño tan extraño que me había hecho Ana en el aeropuerto, pero todo parecía normal. **BENIDORM** estaba precioso, como siempre. ¡Hace tan buen tiempo! La lluvia está bien, porque cuando llueve el aire se limpia y las plantas tienen agua para sobrevivir, pero es que cuando brilla el sol... No sé, ¡es como que de golpe estoy aún más contenta!

Llegamos a mi casa y aparcamos justo delante. Antes de que yo pudiese hacer nada mi padre saltó de la furgoneta y entró por la puerta casi corriendo.

Qué raro, ¿por qué tanta prisa? Yo quise bajarme a ayudar con las maletas, pero de repente...

—Daniela, **¡ESPERA!** ¿No debería entrar Polina primero? Por ser la invitada y todo eso... —Ana se había puesto en medio de la puerta y no me dejaba bajar del coche. Yo la miré, extrañada.

—Pero... ¿Cómo va a saber a dónde ir si no ha estado nunca aquí? Va, déjame bajar, ¡que tengo hambre!

Ana estuvo a punto de decir algo más, pero en ese momento llegó mi padre.

—Venga chicas, ya podéis entrar. Dejad las maletas, ya las cogeré yo luego. —Miró a Ana con aires de complicidad, ella sonrió y me dejó bajar del coche.

—Vale, **¡VAMOS!**

Pero qué raros estaban todos hoy. ¡Y pensar que lo único que quería yo era un trozo de sandía desde hacía horas! Entramos por la puerta principal, y mi padre y Ana pasaron primero. ¡Qué bien haber llegado, por fin! Pero justo al cruzar la puerta...

—¡SORPRESAAAAAA!

De repente, explotó una nube de **CONFETI BRILLANTE** y saltaron serpentinas por todas partes. Había globos enormes y otra pancarta aún más grande (¡y con aún más **GLITTER**!) en la que ponía «¡BIENVENIDA, DANIELA!» colgada del techo. Y cuando por fin bajé la vista y miré delante de mí... Allí estaban, **¡TODOS MIS AMIGOS DE BENIDORM!**

CAPÍTULO 5

Me quedé allí **PLANTADA** con la boca abierta y los ojos como platos. Ana estaba a mi lado, saltando y riendo.

—¿A que no te lo esperabas?

Y de golpe se me tiraron todos encima como una **AVALANCHA**, gritando como locos. ¡Aún no me lo podía creer! Intenté abrazar a todo el mundo a la vez, pero era imposible. ¡Me tenían **APRISIONADA**! Casi no podía verles la cara, porque había un lío de brazos y cabezas importante, pero alcancé a ver la sonrisa enorme de María y las gafas de Jorge. Y el pelo rubio de Lucía, y...

Oh, un momento, pero ¿qué estoy haciendo? ¡Aún no te he presentado a mis amigos! Pues verás; supongo que todo el mundo dirá lo mismo de los suyos, pero... mis amigos son las personas **MÁS**

GUAIS del planeta. Cada uno tiene su forma de ser y su manera de ver las cosas, pero aunque seamos diferentes los unos de los otros, no nos podríamos llevar mejor. Nos complementamos y encajamos tan bien como... ¡como un **PUZLE**! Vale, sí, no es un gran ejemplo, pero ya me entiendes. Ser amiga de gente que tiene intereses o ideas diferentes a las tuyas es lo mejor, porque así siempre aprendes y descubres algo nuevo. A mí, tener diferentes puntos de vista me ayuda a entender mejor el mundo. Pero ya me estoy enrollando otra vez.

LOS AMIGOS DE DANIELA

MARÍA

María es mi prima. No recuerdo haber pasado un solo verano en Benidorm sin ella. De pequeñas éramos inseparables, ¡la liábamos muchísimo!

Edad: 13 años

Curiosidad: le encanta mezclar helado con palomitas.

EMMA

Emma es la capitana del equipo femenino de fútbol del cole. Nos sentábamos juntas en clase y, como es muy abierta, nos hicimos amigas enseguida. ¡No puede parar de hablar!

Edad: 11 años

Curiosidad: sus pelis preferidas son... ¡las de miedo!

LUCÍA

Conocí a Lucía gracias a Emma. Eran mejores amigas, aunque Lucía es mayor. Es un poco tímida, pero cuando la conoces bien, ¡es superdivertida!

Edad: 12 años

Curiosidad: ¡hace fotos con una cámara de verdad! Le apasiona la fotografía.

JORGE

Jorge es el fan número uno del baloncesto. Ya lo ves, ¡casi me saca una cabeza entera! Y, además, cuenta unos chistes buenísimos. Cuando se junta con Lucía son todo un *show*.

Edad: 11 años

Curiosidad: su cantante preferida es Taylor Swift. ¡Por eso nos llevamos tan bien!

PAULA

A Paula también le encanta bailar. De hecho, nos hicimos amigas en la escuela de baile de Benidorm. Le encantan los concursos de baile, ¡sobre todo si los gana!

Edad: 10 años

Curiosidad: ¡está obsesionada con su tortuga, Camila!

MARTÍN

Martín es un genio de las matemáticas. Tuve la suerte de sentarme a su lado durante todo un curso, y aprendí muchísimo con él. Juega al ajedrez de maravilla.

Edad: 11 años
Curiosidad: está aprendiendo a tocar el ukelele. ¡Flipa!

Ahora que ya los conoces, te puedes imaginar mejor lo mucho que me alegraba de verlos. ¡Y con Polina, además! Iba a ser un día genial. Nos quedamos en la entrada gritando y preguntándonos todo lo que nos había pasado desde la última vez que nos vimos. Parecía un **GALLINERO**; ¡no podíamos parar de hablar!

—Pero ¿qué estamos haciendo aquí todavía? ¡Tenemos que llevar a Daniela al **JARDÍN**! Vas a flipar —dijo Ana, y empezó a empujarme hacia el comedor. Lucía me cogió de la mano y me arrastró por entre los muebles mientras todos nos seguían. Jorge se adelantó y abrió la puerta que daba al jardín. Salimos fuera, y... **¡QUÉ PASADA!**

Si antes me había parecido que la entrada estaba llena de globos, comparada con el jardín estaba totalmente **VACÍA**. Había guirnaldas de colores colgadas entre los árboles, globos de todas las formas imaginables, cientos de banderitas y lucecitas de colores y otro cartel igual que el de la entrada suspendido en el aire como por arte de magia. La pisci-

BIENVENIDA
DANIELA

na estaba llena hasta arriba de **FLOTADORES**, aunque no fuéramos a bañarnos, y le daba a todo aún más color. Era alucinante.

—¿Todo esto lo habéis hecho vosotros? —Ana y los demás se miraron entre ellos con aire de satisfacción. Habían hecho un trabajo **INCREÍBLE**. Y entonces, cuando pensaba que nada podía ir mejor, vi algo que me hizo saltar de la **EMOCIÓN**. Al final del jardín habían puesto una mesa enorme... ¡Y estaba atiborrada de **COMIDA**! Los abracé a todos tan fuerte como pude.

—¡Jo, gracias gracias gracias! Sois los mejores amigos del mundo.

Todos teníamos bastante hambre, así que cruzamos el jardín y nos plantamos delante del **BANQUETE**. Cada uno tenía su plato y podíamos coger lo que quisiéramos. Yo no sabía ni por dónde empezar, porque lo habían llenado todo con mi comida preferida. Quien fuera que hubiese pensado el menú me conocía de maravilla. Había los típicos sándwiches con crema de cacao, queso con jamón de York y unos más especiales con salmón y Philadelphia... Pero la cosa se ponía más y más interesante a medida que recorría la mesa con la vista. La zona de picar estaba llena de platos con patatas fritas de **MIL CLASES**, boles con frutos secos y palitos pequeños de pan acompañados con **TOOOODO** tipo de salsas. Y un poco más allá... ¡Una ensaladera enorme con ensalada César! ¿Te he dicho ya que es uno de mis platos preferidos? Es fresquita, crujiente y saludable, y tiene pollo, ¡y la salsa está buenísima! Pero eso no era todo. Justo al lado, y aunque no tenía **NINGÚN SENTIDO**, había una bandeja con una **PIRÁMIDE** de rollitos de *sushi*. Casi me entraron ganas de llorar. Toda el hambre que había pasado había valido la pena. Y encima, en la zona de postres, nos esperaba la sandía más **GRANDE** que había visto en mi vida, roja y brillante. ¿Se puede morir de **FELICIDAD**? Solo me preocupaba una cosa... ¿Cómo iba a meterlo todo en el plato?

Atacamos la comida todos a la vez y en un abrir y cerrar de ojos casi no quedaba nada. Cuando los

padres se acercaron a nosotros no se lo podían creer.

—Pero ¿qué habéis hecho con toda la comida? ¡Parecéis **ASPIRADORAS HUMANAS**, casi no nos habéis dejado nada! —exclamó mi madre—. Bueno, por lo menos parece que os ha gustado.

—*Eftaba tdo buenífimo. ¡Mmmchas fracias pr ls ideas pra l mnú, Ktia!* —respondió Jorge con la boca llena. Se había zampado todos los bocadillos de Philadelphia con salmón **ÉL SOLO**. Miré a mi madre y corrí a darle las gracias. Claro, ella me conoce mejor que yo a mí misma. Había acertado **EN TODO**.

—Bueno, chicas, chicos, ahora que ya no os puede distraer la comida, ¿podéis prestar atención un momento? —Mi padre apareció de la nada y todos nos giramos para escucharle. Yo intuía que estaba a punto de pasar algo. Miré a Ana, pero estaba tan confundida como yo. De hecho, nadie parecía tener ni idea de lo que mi padre iba a decir. El padre de Ana se puso a su lado, con la mano derecha **ESCONDIDA DETRÁS DE LA ESPALDA**. Nos miramos entre todos con cara de interrogante.

—Resulta que tenemos una sorpresa más —empezó Javier, el padre de Ana.

¿¡OTRA!? Hubo una exclamación general. Javier esperó a que nos calmáramos y empezó a hablar otra vez.

—Veréis, el otro día... mi jefe se puso enfermo. —Todos nos quedamos en blanco. **AAAAHÁ**, sí, vale. Lo sentía mucho por su jefe, pero... ¿qué tenía eso que ver? Lucía, que siempre se preocupa por todo el mundo, se llevó una mano a la boca.

—¡Oh, no! ¿Está bien?

Mi padre y el de Ana se rieron.

—Sí, tranquila. Es solo un catarro tonto, pero ha tenido que cancelar los planes del fin de semana con la familia. —**AHÁÁÁÁ**. Bien, bueno, menos mal que no era nada grave. Pero yo seguía sin entender nada. Entonces, el padre de Ana continuó—: Iban a ir al parque de atracciones.

Al oír eso, se me **ILUMINÓ LA CABEZA** como una bombilla. ¿Podía ser...?

—Y, bueno —continuó Javier—. Como no quería que las entradas se perdieran...

Entonces sacó de detrás de la espalda la mano derecha y allí estaban, relucientes y nuevas... ¡las entradas para el parque de atracciones!

CAPÍTULO 6

Nos pusimos a saltar y a gritar. ¡Nos íbamos al **PARQUE DE ATRACCIONES**! A mí me encanta ir. Es como si alguien hubiese cogido todo lo que me gusta y lo hubiese concentrado en el mismo sitio. Cuando voy no me salto ni una sola atracción. Me encantan las montañas rusas superrápidas y las caídas libres que hacen que el estómago te flote dentro del cuerpo. Pero lo que más me gusta es el algodón de azúcar de unicornio. ¿Lo has visto alguna vez? Tiene forma de nube y lo hacen de un montón de colores diferentes. Solo de pensarlo ya se me hacía la boca agua. ¡Tenía muchísimas ganas de ir! Estábamos todos tan contentos y alborotados que casi no oíamos al padre de Ana pedirnos un poco de calma.

—Un momento, ¡un momento! Hay un problema, un pequeño problema —dijo.

Todos callamos de golpe, esperando a que continuara. Era el **PLAN IDEAL**, ¿qué problema podía haber? Entonces me fijé mejor en las entradas que Javier tenía en la mano. No tenían nada de raro. Excepto que... Oh, no. Javier volvió a hablar, diciendo en voz alta lo que yo acababa de entender.

—Solo tenemos tres entradas.

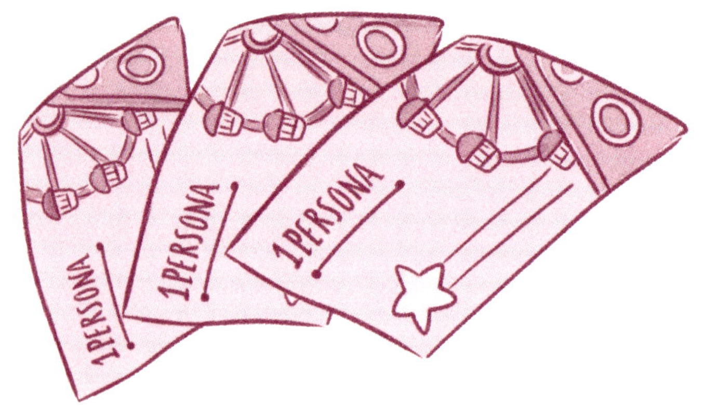

¿Cómo podía ser? Se nos cayó el **ALMA A LOS PIES**. Se ve que la familia del jefe del padre de Ana era bastante pequeña. ¡Qué mal! ¿Qué íbamos a hacer ahora?

—Pero... ¡eso significa que no podemos ir todos! —exclamó Martín con cara de pena.

—No, me temo que no —siguió mi padre—. Tendréis que sortear las entradas entre vosotros. ¿Sería lo más justo, no?

—Si no vamos todos, yo no quiero ir —dijo Emma con decisión. Se notaba que era la **CAPITANA** del equipo de fútbol. Todos estuvimos de acuerdo enseguida, diciendo que sí con la cabeza y cruzando los brazos.

—Pero no vamos a desperdiciar las entradas, ¡sería una pena! —continuó el padre de Ana—. ¿Estáis seguros de que no queréis sortearlas? Pensad que, aunque no os toquen a vosotros, por lo menos alguien irá y podrá pasárselo bien. ¿No es mejor eso que tirarlas?

Eso nos hizo pensar un poco. Era verdad que, antes de que no fuera nadie, yo prefería que Ana, por ejemplo, acabase yendo al parque de atracciones. Aunque no me tocaran a mí, ¿por qué quitarle la oportunidad de pasar un **BUEN RATO** a otra persona? Pero ¿qué pasaba entonces con los demás? ¿No era injusto para los que no podían ir?

Me estaba empezando a doler la cabeza cuando Ana exclamó un **«¡OH!»** y se giró hacia nosotros.

—A ver —empezó—. Lo que más queremos es pasar un buen rato todos juntos, **SEA DONDE SEA**, ¿verdad?

Todos dijimos que sí a la vez. Era verdad, el sitio no importaba. ¿No te ha pasado alguna vez que, estando en el sitio más aburrido del mundo, te lo has pasado genial solo porque habías ido con tus amigos? Ana tenía razón. Daba igual que fuésemos al parque, a la playa o al **SUPERMERCADO**; yo sabía que estando con ellos me lo pasaría bien estuviésemos donde estuviésemos. Ya sabes lo que dicen: lo que cuenta no es ni dónde ni cuándo, ¡sino con quién!

—Vale —siguió Ana—. Pues, aunque no podamos ir todos al parque de atracciones, ahora estamos aquí, juntos, y lo único que tenemos que hacer es aprovechar este momento, y hacer que sea **TAN GUAY** como ir a ese parque. Si nos lo pasamos lo suficientemente bien ahora, ¿**QUÉ MÁS DA** quién se

quede las entradas al final? Ya nos habremos reído y habremos disfrutado. —Ana nos miró a todos con un **AMOR INFINITO**. Jo, ¡qué adulta se había hecho de repente!—. Y, además, mientras sea alguno de vosotros quien se acabe montando en las atracciones, no me importa no ir yo.

Mi padre y Javier se miraron entre ellos con cara de **PASMAROTES**. Ana nos había dejado alucinados a todos.

—¿Y qué se supone que vamos a hacer aquí, entonces? —interrumpió Paula al poco rato, no muy convencida. Pero Ana le sonrió abiertamente.

—Tengo una idea. ¿Y si, en lugar de sortear las entradas, las ***GANAMOS***?

—¿Qué quieres decir? —respondió Paula. Todos miramos a Ana, pidiéndole que continuara.

—Bueno —siguió—, ¡propongo... un Juego de Retos por equipos! Y el equipo que gane más retos acaba yendo al parque de atracciones.

¡OOOOH! Todos estuvimos de acuerdo en que era una idea genial. No solo podía ser superdivertido, sino que, además, sería una manera justa de decidir quién se quedaba las entradas. Ana había solucionado todos los problemas **DE GOLPE**; nos lo pasaríamos en grande todos juntos y los que fueran al parque, fuesen quienes fuesen, se lo habrían **GANADO A PULSO**. Era, sencillamente, brillante. Nuestros padres estaban más que entusiasmados con que algo así se nos hubiese ocurrido a nosotros solos, así que nos pusimos todos manos a la obra.

Lo primero que teníamos que hacer era decidir qué retos organizar. Por votación popular, el primer reto que haríamos sería... **¡UN CONCURSO DE KARAOKE!** Teníamos todo lo que necesitábamos. Bajé la **BOLA DE DISCOTECA** de mi cuarto (sí, ¡la tengo colgada del techo de mi habitación!) y no tardamos nada en montar el ordenador, dos micrófonos y los altavoces para poder poner la música de fondo. ¡Qué suerte que mis padres me hubiesen regalado los micros para mis **CLASES DE CANTO**! Encontramos una tabla bastante grande de madera (creo que

CONCURSO KARAOKE
VS

era una antigua mesa, o algo así) y la pusimos en el suelo para que hiciese de escenario. ¡Y ya estaba todo listo!

El segundo reto sería... ¡Un **DANCE CHALLENGE**! Polina, Paula y yo estuvimos de acuerdo en que no podía faltar. Además, ¿qué gracia tenía que las dos mejores bailarinas que conocía no pudiesen hacernos una demostración? Pondríamos vídeos de

los bailes más populares del momento. El equipo que mejor los imitase, ganaba.

Y, por último, el reto más difícil de todos: una **GUERRA DE LIKES**. Cada equipo tenía que inventarse un vídeo y colgarlo en TikTok. Quien consiguiese tener más likes en una hora se proclamaba ganador de la prueba. ¿Suena fácil, no? Pues ¡para nada!

Una vez organizados los retos nos teníamos que **DIVIDIR POR EQUIPOS**. Para hacerlo un poco más interesante, escribimos nuestros nombres en papelitos, los doblamos, los mezclamos y le pedimos a Erika que los pusiera de tres en tres. Suerte que

éramos nueve; ¡así quedaban tres equipos perfectos de tres personas! Cuando Erika los hubo ordenado, los desplegamos y los leímos en voz alta. Los equipos quedaron así:

Genial, ¡me había tocado con Polina y con María! La verdad es que los equipos estaban muy equilibrados. Iba a ser una competición muy dura, pero las risas estaban **ASEGURADAS**. Ana ya había demostrado ser una líder nata, y Lucía y Jorge eran como un dúo de cómicos cuando estaban juntos. Pero, por otro lado, Paula era superbuena bailarina, Martín era un genio en todo y Emma una capitana natural. ¡Iba a ser dificilísimo!

Solo quedaba un último detalle: ¿quién iba a decidir qué equipo había ganado cada reto? En el de la Guerra de Likes lo sabríamos enseguida, pero... necesitábamos **UN JURADO**, alguien imparcial a quien se le notase fácilmente qué actuación le había gustado más. Y entonces lo vimos todos clarísimo. Sin decir palabra, nos giramos lentamente hacia la misma persona.

Erika nos miró con sus ojos grandes e inocentes. **¡ERA PERFECTA!** No había una sola persona en el mundo que fuese más sincera que ella, simplemente porque era incapaz de fingir nada. Cuando algo la aburría, bostezaba y se iba a otra parte a jugar a lo que fuese. Pero si algo la entretenía y le gustaba, era la primera en **APLAUDIR Y REÍR** como una loca. Si los padres nos ayudaban a mantenerla en su sitio, teníamos al jurado ideal. ¡Y ella estaba encantada con la idea!

Le pusimos una silla y una mesa delante del escenario que habíamos improvisado para el karaoke. ¡Parecía un *talent show* musical de los que dan por la tele! Una vez estuvo todo listo, cada equipo tenía que decidir cuál de los miembros iba a participar en el reto.

—Vale, chicas, ¿quién quiere ir primero? Yo me muero de los nervios, así que... —empezó María.

Yo tenía claro que quería salir a cantar. Como te he dicho antes, había estado yendo a clases de canto en Rusia desde que fuimos al karaoke en San

Petersburgo, y tenía ganas de probarme a mí misma delante de un público que no fueran mis padres. Es verdad, solo de pensarlo se me hacía el estómago **GELATINA**, ¡pero tenía que intentarlo! Si no, cómo iba a...

—¡Yo quiero salir a cantar! —exclamó Polina de repente.

Oh, no, no, ¡no! **¡DESASTRE!** Polina era una bailarina brillante; si participaba en este reto, ¡ya no podría salir a bailar en el siguiente! Sí sí, yo también soy buena bailarina, no me malinterpretes, pero con Polina habríamos **ARRASADO**. Y, además, eso ni siquiera era lo que más me preocupaba. El verdadero problema era que... Polina era una cantante **TERRIBLE**. Todo se le daba bien, pero en el mismo karaoke del que te he hablado hace un momento Polina salió a cantar y, bueno... Digamos que afinar no era exactamente lo suyo.

—¿Estás segura? ¿No prefieres hacer el Dance Challenge? ¡Lo harías genial! —intenté convencerla, pero Polina me sonrió y dijo que no con la cabeza.

—No, prefiero cantar. ¡He estado practicando con profesora de canto! —nos respondió con su fuerte acento ruso.

Era verdad, Polina se había apuntado a clases,

justo después de aquella primera vez en el karaoke, como yo, pero me preguntaba si realmente lo que había oído tenía algún **TIPO DE ARREGLO**. Aun así, a Polina le hacía tanta ilusión que no pudimos negarnos. Al fin y al cabo, el verdadero objetivo de los retos era **PASARLO BIEN**. ¡Qué más daba si perdíamos el reto! Me despedí mentalmente del parque de atracciones y nos pusimos a escoger la canción.

CAPÍTULO 7

—¡Buenas tardes a todos, damas y caballeros, señoras y señores, niñas y niños! —exclamó mi padre desde el escenario.

Se había autoproclamado **PRESENTADOR** de todos los retos, y llevaba puesto el chaleco de lentejuelas de mi madre y un sombrero de copa que había encontrado por casa. Nosotros ya nos moríamos de la risa solo con verlo subido en la tarima.

—¿Estáis preparados para cantar tan alto como os permitan vuestras cuerdas vocales?

—¡Síííí! —gritamos todos a la vez.

—¡No os oigo! ¿Así de bajito vais a cantar? ¡Más alto!

—**¡SÍÍÍÍÍ!**

—¡Ahora mejor! Pues entonces, sin más dilación, ¡que empiece... **EEEEEEL KARAOKEEEE**!

Todos aplaudimos entusiasmados. El primero en subirse al escenario fue Jorge. Ana y Lucía silbaban y lo animaban, y los demás mirábamos, esperando a que la música empezase a sonar. ¿Qué canción habría elegido?

De los altavoces salió un **RITMO** que me resultaba familiar. Primero se oía una batería superanimada y, por encima, algo que parecían ser unas trompetas. Pero no fue hasta oír la voz que me acordé de qué canción era. Claro, siendo Jorge, ¿qué otra cosa podría haber escogido? ¡Era *Shake It Off*, de Taylor Swift! Erika saltó de la silla en cuanto Jorge empezó a cantar. ¡Y no lo hacía nada mal! Era tan alto que casi tocaba con las manos la bola de discoteca cuando imitaba la coreografía de la canción. Porque, sí, también se sabía la coreografía. ¿Qué esperabas del **FAN NÚMERO UNO** de Taylor Swift?

El número de Jorge estaba siendo estupendo. Aunque no cantaba demasiado bien y movía los brazos como si fuese un helicóptero, lo compensaba de sobras con su ánimo y su energía desbordante. Se lo estaba pasando en grande, y eso es lo más importante cuando estás en un escenario. Porque, verás... El **SECRETO** de una buena actuación no es ser el mejor ni hacerlo todo perfecto sin cometer ningún error, sino divertirse. Si tú te lo pasas bien, entonces el público lo notará y disfrutará el doble. ¿A que es fácil? Solo hay que relajarse... ¡y salir a disfrutar!

Hacia la mitad de la canción ya estábamos todos haciendo los coros y siguiendo los pasos. Erika se emocionó tanto que, en cuanto los padres se despistaron, ¡salió disparada de la silla y se subió al escenario con Jorge para bailar con él! Cuando acabó la música estábamos todos sin aliento de lo mucho que habíamos saltado y cantado. Había sido estupendo.

La siguiente en salir fue Emma. Es una atleta muy fuerte y valiente, y tiene mucha seguridad en sí misma. ¡Por eso es la capitana del equipo de fútbol! Subió a la tarima como si fuese a **CONQUISTAR** el mundo.

—Antes de empezar —dijo con voz clara delante del micrófono— me gustaría dedicar esta canción a todos los equipos que participamos en el concurso. Gane quien gane, **¡SOMOS LOS MEJORES!**

Pusieron la música y se hizo el silencio. Empezó a sonar un piano y Emma cerró los ojos, muy concentrada.

—*I've paid my dues... time after time. I've done my sentence, but committed no crime.*

Parecía una canción antigua. A mí me sonaba de algo, pero no tenía muy claro de qué. Al piano se le sumó una batería y una guitarra eléctrica, y un coro de voces que iba subiendo y subiendo de volumen hasta que...

—*WEEE ARE THE CHAAAMPIOOOONS, MY FRIEEEENDS!* —estalló Emma.

¡Ahora me sonaba más! ¡Era *We Are The Champions,* de Queen! Y ahora entendía por qué Emma nos la había dedicado. La canción habla de un grupo de amigos que se **ESFUERZAN** hasta su último aliento, y todos juntos consiguen superar todos los obstáculos y ser campeones del mundo. Es de esas canciones que, cuando te las pones de fondo, te hacen sentir invencible. ¡Y también es de las favoritas de mi madre! Quería avisarla y cantar con ella, pero en cuanto me giré... La vi con los otros padres, y todos se habían puesto en fila y se habían cogido por los hombros, balanceándose al ritmo de la canción y **CANTANDO** a pleno pulmón.

WEEE AAAARE THE CHAAAMPİOOONS!
NOOO TİİİME FOR LOOOSEEERS 'CAUSE WEEE
ARE THE CHAAAMPİOOONS...
OF THE WOOOOORLD!

¡Vaya **CUADRO**! Estaba claro que los mayores también se lo estaban pasando muy bien. Pero la pobre Erika, aunque la actuación de Emma estaba siendo de diez, no conocía la canción y empezaba a aburrirse. Noté que miraba de reojo la piscina con flotadores, y parecía que iba a tirarse a cogerlos de un momento a otro.

Pero no le dio tiempo. La canción acabó justo en ese momento, y los padres aplaudieron y vitorearon durante un buen rato mientras Emma salía del escenario saludando con una sonrisa de oreja a oreja. ¡Había sido brutal! Pero Erika empezaba a bostezar, y ahora nos tocaba salir a nosotras. Bueno, a nosotras no. A Polina. Con la actuación de Jorge y el baile de nuestros padres se me había olvidado por completo que prácticamente no teníamos **NINGUNA** posibilidad de ganar. Viendo cómo había reaccionado Erika durante la canción de Emma, podríamos haber quedado en empate con Jorge, pero yo me temía lo peor. Aun así, me recordé que lo importante era pasar un **BUEN RATO**, no ganar, y sonreímos y animamos a Polina mientras esta se subía a la tarima y se ponía delante del micro. Yo aguanté la respiración.

Habíamos escogido una de las canciones preferidas de Polina: *All Falls Down*, de Alan Walker y

Noah Cyrus. La canción era muy conocida y sabía que a Erika le gustaba, pero al final todo dependía de lo bien que la interpretase nuestra amiga. Empezó a sonar el karaoke y Polina me miró, nerviosa pero decidida. Abrió la boca para coger aire y, entonces...

—*What's the trick? I wish I knew. I'm so done with thinking through.*

Un momento... ¡no me lo podía creer! ¿Qué estaba pasando? Al principio pensé que se habían **EQUIVOCADO** y que, en lugar de poner el karaoke, habían puesto la versión original. La voz de Polina había cambiado por completo. En lugar de ser estridente y desafinada como yo la recordaba, ahora era **DULCE** y no fallaba ni una sola nota. Pronunciaba con un inglés perfecto, sabía modular el volumen según la intensidad de la frase y seguía el ritmo sin ningún problema. En la parte del estribillo, que era un poco más animada, ¡bailó sin parar de cantar! Era increíble. No tenía nada que ver con lo que yo había escuchado hacía casi un año en el karaoke de San Petersburgo.

Polina me acababa de dar una lección. Cuando me había dicho que quería salir a cantar ni siquiera se me había pasado por la cabeza que podría haber mejorado. Pero ¿cómo no iba a haber mejorado si a clase se va precisamente para eso, para aprender y **MEJORAR**?

Me sentí un poco culpable. Me había importado más ganar el reto a que Polina se lo pasara bien, y encima no le había dado ni una oportunidad; simplemente había asumido que, aunque practicase cada día, seguiría haciéndolo mal. Pero Polina había demostrado que yo me equivocaba y que, con suficiente esfuerzo y ganas, puedes conseguir lo que te **PROPONGAS**. ¡Y vaya si lo había conseguido!

Cuando bajó del escenario, María y yo corrimos a abrazarla y a decirle lo bien que lo había hecho. Nos había dejado a todos **ALUCINADOS**, ¡incluida a Erika! Mi hermana se había pasado toda la canción mirando a Polina, hipnotizada por sus movimientos y su voz. Cuando nos hubimos calmado un poco, mi padre subió otra vez a la tarima y llamó nuestra atención.

—Bueno bueno, chicas, chicos, ¡ha sido fantástico! Tenemos por aquí un elenco de **ARTISTAS** con mucho futuro. Pero esto es un concurso de karaoke, así que tenemos que elegir a un único ganador. ¡El Jurado, por favor, que suba al escenario!

Mi padre hizo una señal a Erika y esta se levantó de su silla. Avanzó con paso lento y se puso delante del micrófono que mi padre había bajado para ella. Los tres equipos nos pusimos delante de ella, todos expectantes, esperando a que mi hermana eligiese su actuación preferida. Mi madre aprovechó el momento y puso por los altavoces un redoble de tambores. Yo me estaba empezando a poner un poco nerviosa. No tenía ni idea de quién iba a ganar esa primera prueba. ¡Las tres canciones habían salido fantásticas!

Y tú, ¿qué canción hubieses cantado? Haz una lista de tus cinco canciones preferidas para cantar en el karaoke.

—¡Y el ganador de la primera prueba del Juego de Retos es...! —Gritó mi padre.

Erika nos miró a todos con una sonrisa entre malvada y divertida y, sin decir una sola palabra, señaló a... ¡Jorge!

Lucía, Ana y Jorge empezaron a abrazarse, a gritar y a saltar, todo a la vez, felicitándole por haberlo hecho tan bien. Todos aplaudimos y reconocimos que, aunque Polina hubiese estado genial y Emma se hubiese dejado los pulmones sobre el escenario, Jorge se había ganado el primer punto de la competición. ¡Habíamos disfrutado todos como en un concierto de verdad!

Apuntamos la victoria del equipo de Jorge en la pizarra que habíamos puesto para llevar la cuenta de los puntos. La habíamos decorado un poco para que quedara un marcador más divertido. ¡Estaba bastante guay!

—Pues bien, ya tenemos a nuestros primeros ganadores —siguió mi padre—. ¡Felicidades, ha sido un número magnífico! Pero no os durmáis, porque estamos solo al principio. Equipos, preparaos, porque empieza el... **¡DANCE CHALLENGE!**

EQUIPO 1 0
DMP
EQUIPO 2: 1
ALJ
EQUIPO 3: 0
PME

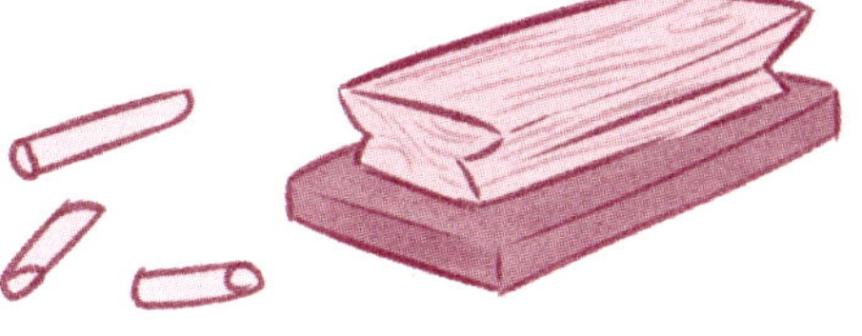

CAPÍTULO 8

El reto de baile iba a ser difícil de ganar. Paula era una bailarina buenísima y estaba segura de que se lo tomaría muy en serio. Le quedaría una coreografía genial. Aunque, ahora que lo pensaba, ni Ana ni Jorge ni Lucía, los integrantes del otro equipo, bailaban. Pero Lucía y Jorge siempre tenían unas ideas buenísimas cuando estaban juntos, así que seguro que se les ocurría algo **ESPECIAL**.

Por suerte, nadie había cogido la canción que yo tenía pensada para hacer el reto de baile durante el karaoke. Sabía que a Erika le encantaba, y hacía poco había visto a dos chicas en TikTok hacer una coreografía que sabía que podía quedar genial.

Lo hablamos con María y Polina y las dos estuvieron de acuerdo con mi propuesta. Nos apartamos un poco para ensayar el número. Polina aportó un par de pasos que le daban un efecto muy guay al baile, y a María se le ocurrió un final **APOTEÓSICO** para acompañarlos. ¡Iba a ser una pasada!

Cuando los equipos nos volvimos a juntar delante del pequeño escenario improvisado, mi padre se subió otra vez a la tarima y cogió el micrófono.

—Veo que ya estáis preparados. Bien bien. Para los que no saldréis al escenario, ¡os quiero ver animando y aplaudiendo todo lo que podáis! ¡Esto promete! Chicas, chicos, mucha suerte a todos. El primer equipo en salir al escenario será el de... ¡Paula, Emma y Martín! ¿Quién de vosotros saldrá a bailar?

Paula levantó la mano y salió de la fila corriendo hacia donde estaba mi padre.

—¿Estás lista? —le preguntó mi padre.

—¡Sí! —dijo Paula, y se colocó en posición.

—Bien, pues adelante. ¡Música, maestro! —E indicó a Martín que le diese al *play*.

Sonaron unos **TAMBORES** superanimados y

una voz de chica salió por los altavoces. Paula empezó a moverse al momento, siguiendo las instrucciones de la cantante.

—*Wind to the left, sway to the right, drop it down low and take it back high!*

¡Era *Introduction*, de Jax Jones y Demi Lovato! ¿Cómo no se me había ocurrido? Era el tema perfecto para este reto, porque la misma canción te decía lo que tenías que hacer. Había mil variaciones de la coreografía, y Paula estaba haciendo su propia versión.

El baile era rapidísimo; seguía el ritmo **FRENÉTICO** de la música y era casi imposible creer que alguien pudiese moverse a esa velocidad. Pero mi amiga enlazaba un paso con otro casi sin ningún esfuerzo. Me

1. *Wind to the left*
(Giro a la izquierda)
Da un giro hacia la izquierda. ¡Mantén la mirada en un punto fijo para no marearte!

2. *Sway to the right*
(Arrastra a la derecha)
Luego, sin moverte del sitio, flexiona un poco la pierna derecha y extiende la izquierda hacia fuera. Aléjala todo lo que puedas de ti rápidamente y, luego, vuelve a juntarla con la derecha, arrastrando el pie izquierdo hacia dentro.

fijé un poco más en lo que estaba haciendo y me di cuenta de que, en realidad, ¡los pasos no eran tan complicados! Era la velocidad lo que lo hacía parecer tan difícil. Ya verás, ¿quieres probar?

3. *Drop it Down*
(Baja hacia abajo)

Subе las manos por encima de la cabeza y baja hacia abajo, sentándote sobre los talones. ¡Mantén el equilibrio!

4. *Back High*
(Salta hacia arriba)

Ahora, desde abajo, salta todo lo fuerte que puedas para ponerte otra vez de pie y acaba el paso en la posición que tú prefieras. ¿Qué te parece así? ¿Eres capaz de hacerlo todo al ritmo de la música?

El resto del baile era más libre, pero igual de rápido. Paula estaba muy en forma. Su estilo de baile era menos delicado que el de Polina, por ejemplo, pero cada golpe que daba con el pie y cada giro de cabeza tenían una fuerza **ESPECTACULAR**. Erika se había levantado de la silla e intentaba imitar los movimientos, pero le costaba seguir la rutina. Aun así, se podía ver claramente que estaba **ENTUSIASMADA**.

Cuando Paula acabó su coreografía todos aplaudimos y la vitoreamos. ¡Había sido brutal! Hacía tiempo que no la veía bailar, y ahora volvía a acordarme de por qué había sido siempre de las mejores de la clase. Se quedó un rato quieta aguantando la posición final mientras sonreía y recuperaba el aire. Luego saludó y bajó del pequeño escenario, dejando paso al siguiente.

—¡**UAU**, eso va a ser difícil de superar! —dijo mi padre—. Ahora les toca a... ¡Daniela, Polina y María!

Nos miramos las tres y yo salí con paso firme hasta donde estaba mi padre.

—¡Muy bien! ¿Estás preparada, Daniela?

—Lista —le respondí.

—Pues ¡vamos allá!

Respiré hondo y esperé a que empezara la canción. Era *Sweet But Psycho*, de Ava Max. Como siempre, y como había aprendido durante ese año en Rusia, dejé que los pies me llevaran. Me sabía la coreografía perfectamente, porque la había bailado una y **MIL VECES** en mi habitación. Solo tenía que pensar en pasarlo bien. Y con esa idea en la cabeza, me seguí moviendo al ritmo de la música.

Ya te he dicho cuál es el **SECRETO** de una buena actuación, ¿verdad? Pues funcionó de maravilla. Mis amigos y los mayores no podían parar de sonreír y, en el momento más intenso de la canción, paré de bailar, levanté los brazos y los hice dar palmas al ritmo de la música. Todos me siguieron. ¡Qué guay! Yo reí y, entonces, hice la **SEÑAL** a Polina y a María. Habíamos preparado una pequeña sorpresa con los restos de la decoración de la fiesta. Justo antes de empezar a bailar otra vez, con la última palmada, ¡mi prima y mi amiga hicieron explotar **CONFETI** sobre el escenario! La gente gritó de la sorpresa, aplaudiendo, y justo cuando pensé que no podía haber ido mejor... Erika saltó de su silla otra vez, se puso a mi lado ¡y empezó a bailar la coreografía a la perfección! Yo estaba **FLIPANDO**. ¡No me esperaba que Erika se la pudiese aprender tan rápido! Acabamos el baile juntas, entre un montón de confeti de colores y los gritos de **¡WOOHOO!** de todo el mundo. Había salido perfecto.

Mi hermana y yo nos abrazamos y salimos del escenario juntas, y se nos unieron Polina y María, que también estaban locas de alegría.

—¡Muy bien, muy bien, ha sido un golpe de efecto increíble! ¡Hay que tener creatividad! Como seguro que la tendrán los participantes del último equipo, Jorge, Lucía y Ana. ¿Estáis preparados?

Cuando el público se hubo tranquilizado, Ana salió al escenario. Me extrañó un poco, porque mi

mejor amiga no es muy fan del baile, pero miró a sus dos compañeros de equipo con cara de haber planeado algo, y se colocó en el centro de la tarima.

—¿Preparada? —le preguntó mi padre.

—Sí, pero... ¿puedo coger el **MICRÓFONO** un momento?

Mi padre puso cara de sorpresa y le pasó el micro a Ana. Ella nos miró.

—¡Hola! Para nuestra actuación, queremos pedir la **PARTICIPACIÓN** del público. Si os suena la canción y conocéis el baile, ¡os reto a subir conmigo a bailarlo! ¿Estáis preparados?

¿Qué canción podía ser que conociésemos todos? Ana se preparó y empezó a sonar... ***¡BABY SHARK!*** Ana se puso a imitar la coreografía de los niños del vídeo y todos nos desternillábamos de risa.

El baile consistía en mover los brazos imitando el movimiento de mandíbula de un tiburón, abriéndolos y cerrándolos primero hacia la derecha y luego hacia la izquierda. Después la canción cambiaba y tenías que ponerte las manos con las palmas juntas encima de la cabeza, como si fuese su aleta dorsal (sí, ¡la que tiene forma de triángulo y sale por encima del agua!). Había sido una buenísima idea. En el equipo no había nadie que supiese bailar especialmente bien, así que habían decidido hacer algo fácil que nos hiciese reír. ¡Seguro que era cosa de Jorge y Lucía! Ya te he dicho que cuando están juntos son **IMPARABLES**. De hecho, se subieron con ella al escenario, se pusieron detrás y nos animaron a todos a unirnos al equipo.

Emma subió de un salto a la tarima y se puso a seguir los pasos de Ana. Luego se subió Martín, y luego... ¡mi madre y mi padre! Yo casi **LLORABA DE LA RISA**, ¡no podía moverme! Pero Polina y María me empujaron, y Erika nos siguió de cerca. De golpe ya no quedaba público; estábamos todos detrás de Ana, bailando tan **APRETADOS** que casi no podíamos ni levantar los brazos. Cuando se acabó la canción nos felicitamos los unos a los otros, aún riendo.

—Vale vale, todos fuera, ¡todos fuera! ¡El escenario es para el presentador!

Mi padre nos echó a todos poco a poco, intentando volver a la normalidad.

Cuando estuvimos todos delante de él y un poco más calmados, llamó a Erika y esta se puso a su lado.

—Está bien, ¡hora de decidir quién ha ganado el reto! Jurado, ¿quién se lleva el punto del Dance Challenge?

Mi madre puso otra vez el redoble de tambores por los altavoces y Erika señaló... ¡Hacia **NOSOTRAS**! ¡Habíamos ganado el Dance Challenge! Saltamos y nos abrazamos en círculo otra vez. ¡El truco del confeti había funcionado!

CAPÍTULO 9

—Muy bien, chicas, chicos, ¡entramos en la final del Juego de Retos! Como veis, el marcador está claramente **EMPATADO** entre el equipo de Daniela, Polina y María, y el equipo de Jorge, Lucía y Ana. Paula, Martín y Emma se están quedando atrás, pero tienen una última oportunidad de hacer tablas.

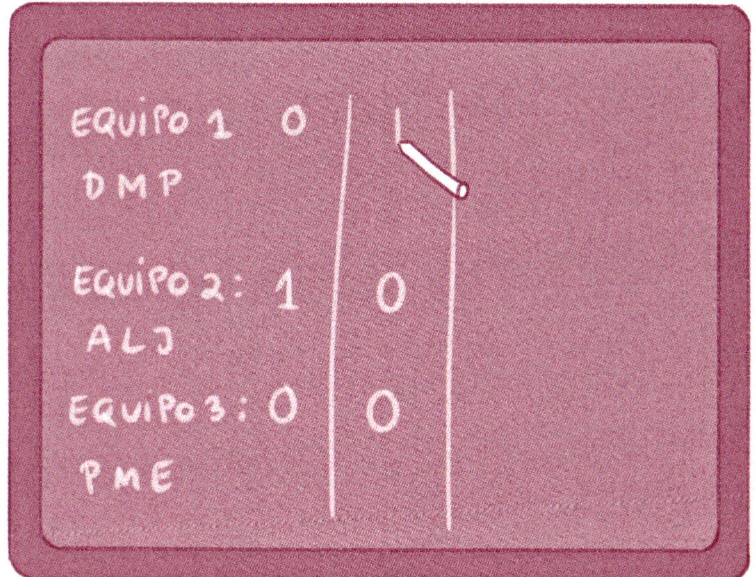

»Si conseguís el punto de esta prueba, **DESEMPATAREMOS** con un cuarto reto. ¿Os parece bien?

—¡Sí! —gritamos todos a la vez.

Aún no me podía creer que estuviésemos a punto de ganar. ¡Solo quedaba el reto de la Guerra de Likes! Y lo mejor de todo es que hacía mucho tiempo que no me lo pasaba tan bien. Todo estaba saliendo de maravilla.

Nos repartimos por el jardín y cada equipo preparó su vídeo de TikTok. Hay un montón de cosas chulas que se pueden hacer con esta aplicación. Puedes poner cámara lenta, cámara rápida, multiplicar tu cara para que salga millones de veces en la pantalla... Hasta hay filtros que te maquillan, ¡o que te ponen gafas de

sol! Si te falta inspiración, tengo un par de vídeos en mi canal de YouTube en los que doy ideas y explico algunos **TRUCOS**. Ya verás, es superfácil y quedan geniales.

Después de pensar un rato se nos ocurrieron un par de cosas que podían quedar bien. Probamos unas cuantas y decidimos que lo que había propuesto Polina era lo que más nos gustaba. Lo repetimos varias veces, le añadimos y quitamos movimientos y, cuando estuvimos contentas con lo que habíamos grabado, lo guardamos con cuidado de no publicarlo en la cuenta de María. ¡La verdad es que nos había quedado bastante bien! Ya tenía ganas de ver lo que habían preparado los demás. ¿Qué estarían haciendo?

Me giré a echar un vistazo y, de lejos, vi a Jorge, a Ana y a Lucía descolgando ropa de... ¿la pared del jardín? Parecía que ya habían acabado de grabar y se les veía muy animados. En cambio, un poco más allá, Paula, Martín y Emma no parecían ponerse de acuerdo. Estaban cerca de la piscina, discutiendo entre ellos. ¿Qué les debía estar pasando? Paula estaba hablando con Martín y no parecía demasiado **CONTENTA**. Qué raro. Martín la escuchaba e intentaba hablar, hasta que Emma se puso entre los dos y le habló a Paula con cara de **POCOS AMIGOS**. Algo no iba bien. Hice nota mental de preguntarle a Emma sobre lo que había visto más adelante. Quizá no se habían aclarado con TikTok, o no estaban contentos con el resultado del vídeo, o...

Aún seguía dándole vueltas a qué le podría haber estado diciendo Paula a Martín cuando mi padre nos volvió a llamar a todos cerca del escenario. Colocó la pantalla del ordenador hacia nosotros y se aclaró la garganta.

—Bien, ahora que todos tenéis vuestros vídeos preparados, vamos a conectar los móviles a la pantalla por Bluetooth para que todos podamos ver qué se os ha ocurrido. ¡Recordad que contaremos número de likes en **UNA HORA**! Ni un minuto más ni uno menos. María, Polina, Daniela, ¡os toca empezar!

Conectamos mi móvil al ordenador y lo utilizamos de pantalla. Se nos había ocurrido hacer una coreografía que incluyese los dos efectos que más nos molaban de TikTok: la cámara invertida y la cámara lenta.

El vídeo empezaba con nosotras tendidas encima de los flotadores de la piscina. Hasta ahí, todo normal. Pero, de golpe, una a una nos levantábamos por el aire como si levitáramos, y nos poníamos en posición para empezar la coreografía. ¿Que cómo lo habíamos hecho? Muy fácil: ¡del revés! Nos habíamos grabado poniéndonos en posición y tirándonos encima de los flotadores una por una. Luego habíamos invertido el vídeo con el filtro de tiempo de TikTok y... *Voilà!* El efecto queda chulísimo. ¡Parece que no te afecte la gravedad!

Nos costó un poco decidir la música que íbamos a utilizar, así que al final decidimos hacer un *remix* de todas las canciones que habíamos utilizado en los retos anteriores. Era una buena manera de acabar el Juego de los Retos, ¿no crees?

Hacia el final del vídeo, Polina desaparecía y, agachada para que no se la viera, pasaba por delante de la cámara y soltaba confeti en el momento justo, después de la transición final.

Ese trocito lo pusimos a cámara lenta; le daba un efecto muy guay al confeti y era una manera bastante épica de acabar el TikTok . ¡Nos había quedado perfecto!

Los siguientes en enseñar el suyo fueron Jorge, Lucía y Ana. En lugar de hacer una coreografía, se habían inventado un **TRUCO** de magia. Con cada transición y corte de vídeo, se cambiaban la ropa entre ellos. Lucía acababa vestida con la camiseta gigante de Jorge, y Jorge con la falda de Ana. ¡Era muy divertido! Pero lo mejor de todo era el final. Habían grabado el vídeo cerca de una pared y, justo al acabar, corrían hacia el muro, saltaban y, cuando parecía que se iban a dar de bruces contra los ladrillos... Ellos desaparecían como si hubiesen atravesado un portal invisible, ¡pero la ropa se quedaba **ENGANCHADA** en la pared, como si se la hubiesen dejado ahí pegada sin querer! Mira, aquí tienes una foto de la escena final del vídeo:

Les había quedado espectacular, ¡no sabía cómo lo habían hecho! Seguro que conseguían muchísimos likes.

Por último, pusieron el TikTok de Paula, Emma y Martín. Ya no parecían estar enfadados entre ellos, pero tampoco reían demasiado. El vídeo era un baile con todos los pasos de moda del momento, pero enseguida entendí por qué Paula había estado hablando con Martín con esa cara. El chico no acababa de seguir bien el ritmo y quedaba todo un poco **DESCOMPASADO**.

Pero, bueno, tampoco estaba tan mal y, además, si se suponía que el objetivo de los retos era pasarlo bien, ¿qué más daba? Si Martín no había estado cómodo grabando un baile, podrían haber hecho cualquier otra cosa en la que se lo pasaran bien los tres.

Subimos los vídeos a la vez en los canales de TikTok de Emma, Jorge y María, que tenían más o menos la misma cantidad de seguidores, para asegurarnos de que nadie tuviese una ventaja injusta

sobre los demás. ¡Y ya solo quedaba esperar! ¡Qué **NERVIOS**!

Pero ahora teníamos una hora entera por delante sin nada que hacer. ¿Sabes lo que me pasa a veces cuando estoy aburrida? ¡Me entra muchísima **HAMBRE**! ¿No te ha pasado nunca? Como, por ejemplo, cuando estás sentada en tu cuarto haciendo los **DEBERES** y bostezando sin parar. De repente se te ocurre que podrías ir a picar algo, vas a la nevera corriendo y la abres **MAZO ILUSIONADA**, pero dentro no hay nada que te apetezca y tienes que volver a estudiar. Hay tardes que me levanto tantas veces a mirar si hay algo para comer que seguro que hago más ejercicio que en clases de baile.

Pues así estábamos todos. Para entretenernos un poco decidimos atacar la mesa de comida otra vez y acabarnos las sobras. Pero cuando se terminaron volvimos a sentarnos en el césped sin nada que hacer. Y si no hay nada que comer, ¿qué es lo siguiente que haces cuando estás esperando? ¡Pues sacar el móvil, claro! Estuvimos un rato haciéndonos fotos y vídeos tontos, tirando serpentinas y pinchando globos a cámara lenta. Pero Paula quería un selfi de todos juntos, así que nos agolpamos como pudimos al borde de la piscina para que saliesen los flotadores de fondo.

—Jorge, ¿por qué no haces tú la foto? Tienes el brazo más largo y la cámara de tu móvil es mejor, ¡seguro que la foto saldrá más chula! —sugirió Paula. Jorge sacó su móvil y apuntó la cámara selfi hacia el grupo.

Consiguió que cupiéramos todos, pero cuando estaba a punto de enseñárnosla a los demás, Paula se adelantó y le cogió el móvil.

—¿A ver cómo ha quedado? ¡Ala, qué **CHULA**! ¿Me la puedes pasar? No te preocupes, ya me la envío yo por mensaje. Es un momento.

Y dicho esto y sin dejar que nadie más viese la foto, se llevó el móvil de Jorge mientras todos nos quedábamos allí, encogiéndonos de hombros. Aproveché para preguntarle a Emma si todo iba bien.

—¡Sí, no te preocupes! Es solo que Paula quería hacer un vídeo de baile, pero a Martín le costaba y se ha puesto un poco nerviosa. Pero no pasa nada, ya lo hemos aclarado —me tranquilizó. Menos mal que no se habían enfadado, ¡con lo bien que estaba yendo todo!

Al poco rato Paula volvió y nos dejó mirar la foto, un poco más contenta que antes. Salíamos bas-

tante bien. ¡Suerte que Jorge era alto, así habíamos cabido todos! Erika se había colado en la foto sin darnos cuenta. ¿La ves?

Jorge nos la envió a todos y, justo en ese momento, mi padre nos llamó al escenario otra vez. **¡POR FIN!** Era hora de **CONTAR** los likes.

—Bueno, ¡se acerca el momento de la verdad! ¿Qué TikTok habrá tenido más likes? Y lo más importante, ¿qué equipo se llevará las entradas al parque de atracciones? ¿Ganarán Paula, Emma y Martín y tendremos que desempatar? ¡Redoble de tambores, por favor!

Le pasamos los móviles a mi padre y los puso delante de él.

—El primer vídeo, es decir, el de Daniela, Polina y María ha acabado la hora con... ¡cinco mil ciento cincuenta y seis likes! ¡Nada mal, chicas!

Hubo aplausos y nos abrazamos por millonésima vez entre nosotras. Eran un montón de likes, ¡teníamos una seria posibilidad de ganar!

—El segundo vídeo, el de Paula, Martín y Emma,

5156

tiene la friolera de... ¡cinco mil doscientos seis likes! ¡Vaya, pasan por delante del primer equipo! ¿Podría significar esto que hay ronda de **DESEMPATE**?

¡OH, NO! Nos habían superado por solo cincuenta likes. ¡Por qué poco! Pero bueno, qué le íbamos a hacer. Un juego es un juego, y es importante saber perder. Los aplaudimos con entusiasmo. ¿Podría ser que necesitásemos una cuarta ronda de retos para desempatar? Mi padre cogió el móvil de Jorge y se dispuso a mirar sus likes. ¡Qué nervios!

—Y, finalmente, el vídeo de Jorge, Ana y Lucía, que en una hora ha acumulado...

Mi padre se quedó callado y quieto como una **ESTATUA**. Todos teníamos los ojos puestos en él, esperando a que dijese el número. Miró el móvil más de cerca, como queriendo asegurarse de que lo estaba viendo bien. Nosotros casi ni respirábamos. ¿Por qué no lo decía ya?

—Esto... no entiendo muy bien lo que ha pasado aquí —siguió mi padre—. Este vídeo tiene...

—Se quedó callado otra vez. Estábamos todos al borde de la **HISTERIA**. Nos miró con cara de no entender nada. ¿Qué le estaba pasando?

—El vídeo tiene... trece likes.

Se hizo un silencio sepulcral. ¿Había dicho... trece likes?

CAPÍTULO 10

¿Cómo podía ser? ¿**TRECE** likes en una hora? ¡Pero si el vídeo era chulísimo! Yo tenía claro que iba a ser el equipo de Jorge el que ganara este reto; habían sido los más originales. No tenía ningún sentido, sobre todo teniendo en cuenta que Jorge tenía casi la misma cantidad de seguidores que Emma y María. Podría haber quedado un poco por debajo, o haber pasado los likes de los otros equipos por unos cientos más, pero... ¿trece? ¡Era imposible!

Jorge cogió el móvil y miró el vídeo. Ana y Lucía se pusieron a su lado y todos nos acercamos para comprobarlo. Sí, el contador marcaba trece likes.

—Esto es muy raro —dijo Emma—. Quizá no lo habéis subido bien. ¿Estás **SEGURO** de que lo has publicado?

—¡Sí, estoy seguro! —respondió Jorge. El pobre estaba tan confundido como nosotros, si no más—. Bueno —siguió—. Quizá lo he hecho mal. No sé qué ha podido pasar. Lo siento, chicas. ¡Estábamos muy cerca! —Miró a Lucía y a Ana con cara triste. Ellas le dijeron que no se preocupase, que para nada era culpa suya. El vídeo era **GENIAL**, y

eso lo sabíamos todos. Ya habíamos dicho que lo importante no era ganar las entradas, sino pasarlo bien, y eso lo habían conseguido de sobras. Además, ahora habría una cuarta ronda de retos, así que aún tenían una última posibilidad. Jorge sonrió, sintiéndose un poco mejor.

Pero entonces, justo cuando estábamos empezando a plantearnos cómo lo haríamos para desempatar el marcador (porque ahora cada equipo había ganado un reto), Lucía miró bien el vídeo y arrugó las cejas, como hacía siempre que había algo que no le gustaba para comer.

—Un momento —dijo—. Hay algo que no me cuadra. Este no es el vídeo que hemos subido antes.

—**¿CÓMO?** —exclamamos todos juntos.

—Sí, hemos grabado dos veces el truco de la pared porque no nos salía bien, ¿os acordáis? —Jorge y Ana asintieron a la vez, pero Ana no entendía a qué se refería cuando decía que no era el mismo vídeo.

—¿No lo veis? ¡No es el mismo, miradlo bien!

Nos concentramos en la pantalla del móvil de nuestro amigo, intentando encontrar la diferencia de la que hablaba Lucía. A mí me estaba costando. Por más que miraba, no conseguía verla. De golpe, Ana exclamó:

—¡Es verdad! ¡Ahí!

Era verdad, ¡una de las camisetas tenía la **ETIQUETA** por fuera! No podía ser el mismo vídeo. Pero, entonces ¿qué estaba pasando ahí?

—No tiene sentido —dijo Martín—. ¿Te has equivocado al subirlo?

—No, he mirado muy bien cuál de los dos vídeos publicaba. Estoy muy, muy seguro.

—Entonces... —Martín se llevó una mano a la barbilla, como si fuese un detective—. Entonces esto solo puede significar una cosa.

—¿El qué? —preguntamos varias personas a la vez. Martín respiró hondo y nos miró a todos.

—Si el vídeo que estamos mirando ahora no es el que ha colgado Jorge, eso significa que alguien ha quitado el de Jorge y puesto este en su lugar.

Era de locos. ¿Para qué iba a hacer alguien una

cosa así? Se lo pregunté a Martín y me respondió con cara seria.

—Porque, al quitar el vídeo, los likes **DESAPARECEN**. Y si no hay likes, no hay posibilidad de ganar el reto.

—Pero... ¿Por qué no simplemente borrar el vídeo y ya está? ¿Para qué subir otro? —preguntó Lucía.

—Porque nos habríamos dado cuenta —continuó Martín—. Si hubiésemos visto que faltaba uno de los vídeos simplemente los hubiésemos borrado todos, los hubiésemos vuelto a subir y hubiésemos contado los likes desde cero otra vez. Pero, en cambio, si vuelves a subir el mismo vídeo no parece que se haya borrado en ningún momento. Era el plan **PERFECTO**: quitar el vídeo de Jorge, perder todos los likes, volver a subir el mismo vídeo y no dar tiempo a que la segunda vez llegue a acumular ni cien likes. Nadie lo hubiese notado, habríamos dicho que era mala suerte y Jorge, Lucía y Ana hubiesen perdido el reto. Pero la persona que lo ha hecho no contaba con que en el teléfono de Jorge hubiese dos vídeos casi iguales, y al equivocarse y subir el que no era, la hemos descubierto.

Si lo que decía Martín era verdad... ¡Era **HORRIBLE**! Hay muchas maneras de ganar, pero si ganas a base de hacer **TRAMPAS**... ¿Qué gracia tiene? Habíamos dicho que lo que más queríamos era estar todos juntos y pasar un buen rato. ¿En serio era necesario jugar sucio?

—¿Y quién haría algo así? —volvió a preguntar Lucía.

Creo que no se podía ni imaginar que alguno de nosotros fuese capaz de hacer trampas de esa manera, y la verdad era que yo tampoco. Los miré a todos uno a uno. Sí, de acuerdo, nadie es perfecto, todos nos equivocamos, pero ya te he dicho que mis amigos son las personas más guais del planeta. Ni siquiera se les podía pasar por la cabeza hacer algo así. Pero Martín siguió con su teoría.

—No lo sé. Tiene que haber sido alguien que sepa la contraseña del móvil de Jorge, o que haya podido cogerle el teléfono durante un rato...

INTRODUCIR CONTRASEÑA:

Fue como si se le hubiese acabado el aire a media frase. Se había acordado, igual que yo, de que había alguien que había tenido el móvil de Jorge en la mano. Alguien que se lo había llevado lejos del grupo con la **EXCUSA** de mirar bien una foto, y había tenido tiempo de sobras para borrar el vídeo y volverlo a subir. Alguien que no quería perder el Juego de los Retos.

Jorge también se dio cuenta enseguida. Se giró hacia ella con cara de susto.

—Paula... ¿has borrado nuestro vídeo cuando te he dejado el teléfono?

Se hizo un silencio **TENSO**, de esos que casi se pueden tocar con la mano. Paula se quedó totalmente en blanco. No me lo podía creer. No, en realidad, ¡no me lo **QUERÍA** creer! Paula era de las personas más seguras de sí mismas que yo conocía.

¿De verdad había creído que era necesario hacer trampas para ganar? No le pegaba nada. Era verdad que no le gustaba demasiado perder, pero de ahí a hacer todo esto...

—Esto, yo... —dijo Paula con voz entrecortada.

Esperamos sin decir nada. Poco a poco se le estaba poniendo la cara roja como un **TOMATE**. Aguantó un momento más intentando pensar en algo, pero al final resopló y cruzó los brazos.

—Vale, sí, he sido yo. ¡Pero es que estos juegos han sido muy **INJUSTOS**! En el reto de baile Daniela sabía perfectamente que a Erika le encantaría esa canción. ¡Tenía ventaja!

Sabía de sobras que eso no era verdad. Yo me defendí, y Polina y María también dijeron que, aunque sabíamos que la canción era de las preferidas de Erika, el reto era de baile, ¡y el baile se lo había aprendido ella sola en un momento!

—Sí, vale, tenéis razón... Pero en ese momento no lo he pensado —siguió Paula—. Quería hacer el vídeo con más «me gusta» y demostrar que el jurado estaba amañado. Además, todos sabemos que la Guerra de Likes era el reto más **IMPORTANTE**. Si ganaba ese, daba igual que hubiese perdido los otros dos, porque eran likes reales. Pero entonces Jorge, Ana y Lucía han hecho ese vídeo tan chulo y me he dado cuenta de que iban a quedar primeros. He sentido mucha envidia, y...

Entonces pasó algo que nadie se esperaba. Erika, que había estado escuchando desde su mesa

de jurado, se levantó, fue directa hacia Paula y, aunque esta le sacaba una cabeza y media, se **PLANTÓ** delante de ella muy decidida.

—Los likes no son lo más importante —dijo solemnemente. Nunca la había visto tan seria. ¡Daba un poco de miedo y todo!—. Lo más importante es pasarlo bien. Lo más importante es reír. Lo más importante —continuó— son los **AMIGOS**, y ser un **BUEN AMIGO**. Tú eres una buena amiga, así que no has de hacer estas cosas. Además, no tienes de qué preocuparte. Tus amigos te querrán igual, aunque tengas pocos likes. Me lo dijo Daniela y es verdad.

Paula miró a Erika con los ojos abiertos como platos, y poco a poco se le fueron llenando de lágrimas hasta que le cayeron a borbotones por toda la cara. Yo no podía estar más orgullosa de mi hermana pequeña. No porque hubiese hecho llorar a Paula, sino porque con tres años ya tenía claro lo que de verdad **VALÍA LA PENA**: los amigos, las aventuras que vives con ellos, la familia... Esas son las cosas realmente importantes. Los likes pueden hacerte fe-

liz durante un rato, igual que estrenar una camiseta nueva o leer un comentario bonito, pero es un tipo de felicidad que no dura demasiado. Yo siempre digo que hacer vídeos me encanta, pero lo que más me gusta es grabarlos con mis padres, con Erika o con mis amigos. Ellos son los que hacen que ser youtuber sea genial. Todo lo demás acaba dando igual.

—Jo... ¡lo siento mucho! No sabía qué hacer... Como estábamos perdiendo todos los retos... Me sabe fatal, Jorge, Ana, Lucía, de verdad que **LO SIENTO** un montón. No quiero que dejemos de ser amigos, ni que penséis que soy una mala amiga.

Si me había enfadado en algún momento, se me pasó de golpe. Que estuviera así de triste no me gustaba nada. Se había portado muy mal con el equipo de Jorge, pero verla llorar a moco tendido me hizo entender lo mal que le sabía haber actuado como lo había hecho. Realmente, estaba muy arrepentida. Lucía se acercó a ella y le dio una servilleta de papel.

—No pasa nada. De verdad, ¡no llores! ¿Cómo vamos a dejar de ser amigos por algo así? Solo es un juego tonto de likes. ¿Qué clase de amigos seríamos nosotros si nos enfadásemos para siempre por un reto? Además, si fueses una mala amiga no nos estarías pidiendo perdón.

—Sí —añadió Jorge, acercándose y cogiendo a Paula de la mano—. Estoy seguro de que los malos amigos ni siquiera saben lo que es llorar. Deben ser como trocitos de hielo, ¡o como **ROBOTS**!

—¿Y sabes qué? —añadió Ana—. Tus bailes siguen siendo increíbles, tengan los likes que tengan. Tener menos o más likes no significa nada.

Paula lloró aún más fuerte y los abrazó a los tres a la vez. Los demás nos unimos al abrazo, contentos de que hubiesen hecho las paces. Yo miré a Erika de reojo, que se había vuelto a sentar en su silla de juez y se había puesto a jugar con el sombrero de mi padre. Aún no me podía creer lo genial que había estado. ¡Tendría que **APRENDER** más de ella!

—Esto son amigos y lo demás son tonterías —dijo la voz de mi padre a nuestra espalda. Deshicimos el abrazo sonriendo de oreja a oreja. Paula seguía con la cara roja, pero ya estaba mejor.

—¿Sabes qué, José Luis? —dijo el padre de Ana—. Y si...

Los dos padres se pusieron a hablar en voz

muy baja entre ellos. Llamaron al resto de los mayores y formaron una especie de **CORRALITO**, como si fuesen un equipo de fútbol planeando una jugada. Al poco rato se separaron y se volvieron hacia nosotros con cara de satisfacción.

—Bueno —dijo Javier—, habéis demostrado muchas cosas hoy. Sois capaces de sacar lo mejor de cada momento, sois **GENEROSOS**, **COMPRENSIVOS** y, sobre todo, **BUENAS PERSONAS**. Eso no lo tenéis que cambiar nunca.

—Y creemos —continuó mi padre— que un comportamiento tan ejemplar se merece una recompensa ejemplar. Así que olvidaos de las tres entradas para el parque de atracciones.

¿**«OLVIDAOS»**? ¿Cómo que «olvidaos»? ¿No se suponía que nos habíamos portado tan bien? Y esa era la recompensa, ¿olvidarnos del parque? ¡Pues, menuda gracia!

—Olvidaos, porque no van a ir solo tres personas al parque de atracciones... ¡vamos a ir **TODOS**!

CAPÍTULO 11

Era increíble, ¡no había mejor manera de acabar la fiesta! Todos saltamos y nos tiramos encima de Javier y de mi padre, cayéndonos al suelo y **REVOLCÁNDONOS** por la hierba del jardín. Queríamos ir al parque enseguida, pero cuando nos recuperamos nos dimos cuenta de que eran casi las siete de la tarde. El tiempo pasa volando cuando te lo pasas bien, ¿a que sí? Quedamos en vernos al día siguiente y encontrarnos en la puerta del parque para pasar allí todo el día. Tuvimos suerte y nadie había hecho planes. ¡Era **PERFECTO**!

Poco a poco nos fuimos despidiendo de todos y al final nos quedamos Polina, Ana y yo en el jardín, entre un montón de globos y guirnaldas y restos de confeti.

—¿Viene alguien a buscarte, Polina? ¿Necesitas que te llevemos? —se ofreció mi madre.

—No, me pueden venir a buscar. ¡Ningún problema!

—¿Seguro? No nos importa, de verdad. Así no hará falta que los abuelos de Natasha cojan el coche.

Siguieron discutiendo el tema mientras Ana y yo esperábamos a que llegasen a una conclusión. Yo aún no tenía ganas de despedirme de mis amigas. El día había sido más que genial, pero casi no habíamos tenido tiempo de **HABLAR**. Quería que Ana me contase qué había estado haciendo por Benidorm y hacer planes con Polina para verla durante esa semana. Entonces, se me ocurrió una idea.

—¿Y no podrían quedarse Ana y Polina a **DORMIR**? —Mis amigas me miraron, entusiasmadas—. Total, ¡mañana por la mañana tenemos que estar las tres en el mismo sitio! Y así no molestamos a los abuelos de Natasha. Es un buen plan, ¿no? —dije, mirando a mi madre con mi mejor cara de **«PORFA PORFA, ¡PORFA!»**.

La propuesta había pillado a mi madre por sorpresa y tardó un poco en procesar lo que le estábamos pidiendo. Después de pensarlo un momento, mientras nosotras no parábamos de repetir **«¡*PLIS*, KATIA, PORFA! ¡ES UNA SUPERIDEA!»**. Se dirigió a Polina.

—Bueno, no me parece mal, pero tendré que hablar con los abuelos de Natasha para que sepan dónde estás. ¡Al final van a pensar que te hemos **SECUESTRADO**! Y tú, Ana, llama a tu madre también, ¡y asegúrate de que te da permiso!

¡SÍÍÍ! ¡Qué bien! Tenía unas ganas locas de enseñarle a Polina mi cuarto. Hablamos con los abuelos de Natasha y le dieron permiso para quedarse, y los padres de Ana también accedieron, a condición de que volviese directa a casa después de salir del parque de atracciones al día siguiente.

Subimos corriendo las escaleras con la maleta de Polina y nos instalamos en mi habitación. Suerte que tengo una de esas camas que tiene otra cama escondida debajo, si no, no sé cómo lo habríamos hecho. Polina dormiría en la de abajo y Ana y yo compartiríamos la de arriba, que era un poco más ancha.

—¡Qué habitación más **CHULA**, me encanta el rosa! —dijo Polina.

La verdad es que mi habitación en Benidorm es preciosa. Tengo un montón de **LUCECITAS** y **BANDERITAS** colgadas por todas partes, y una pared entera pintada de **ROSA** con un póster gigante que pone ***«ENJOY EVERY MOMENT»***, que significa «disfruta cada momento» en inglés. Luego tengo una mesa con el ordenador, y al otro lado un armario enorme de color blanco. También tengo estrellas de esas que brillan en la oscuridad enganchadas por todos lados, y un montón de peluches y cojines de colores, y... en fin, es casi casi la habitación ideal. Si tuviese un poco más de espacio me encantaría poner uno de esos sacos enormes rellenos de bolitas. Sí, esos que sirven para sentarse, ¿sabes? Son como sillones, pero en forma de saco. Dicen que tumbarse en uno es como tumbarse en una nube **BLANDITA**. ¡Debe ser superguay!

Esta es mi habitación. Y tú, ¿cómo te imaginas tu habitación ideal? ¡Dibújala!

Justo cuando acabábamos de sacar la cama de Polina mi padre nos llamó para cenar.

No teníamos mucha hambre, pero aun así bajamos y nos sentamos a la mesa del comedor con mis padres y Erika. La cena era básicamente todo lo que no habíamos sacado al jardín durante la fiesta. Y sí, en efecto, aún quedaba un montón de **SUSHI**. **¡MMMMM!** ¿Cómo puede estar tan bueno? A Polina no le gusta nada el pescado y me miraba como si estuviese cometiendo el error más grande de mi vida.

—Pero ¿lo has probado alguna vez? —le dije yo con la boca llena de arroz y alga nori.

Polina arrugó la boca y dijo que no con la cabeza, poniendo las manos hacia delante como para **PROTEGERSE** del trozo de salmón que yo intentaba ponerle en el plato.

—Entonces ¿cómo sabes que no te gusta? Anda, va, ¡prueba solo un poco!

—Dani, deja que Polina coma lo que le apetezca, ¡no seas pesada! —me dijo mi madre desde el otro lado de la mesa. Entonces Erika alargó la mano desde su sillita, cogió el trozo de pescado que yo estaba aguantando con los palillos y se lo metió entero en la boca.

—Demasiado tarde. ¡El monstruo marino Erika lo ha devorado! **¡GROARGH!** —dijo mi padre, enseñando los dientes y levantando una zarpa imaginaria. Erika lo imitó y rio de buena gana. ¡Vaya par de cómicos!

De postre nos comimos un buen trozo de sandía cada una y, después de llevar los platos a la cocina, pedimos permiso para irnos a la habitación.

—Id, id, ¡pero no hagáis mucho ruido! —nos avisó mi padre.

Yo salí disparada escaleras arriba, y Ana me siguió enseguida. Polina lo hizo después de dar las gracias a mis padres y luego se marchó corriendo detrás de Ana. Cuando estuvimos las tres sentadas en mi cama, con el pijama puesto y bien cómodas, ¡**POR FIN** pudimos hablar un rato entre nosotras!

Ana me explicó que se había pasado el año estudiando sin parar. Quería intentar hacer un **IN-**

TERCAMBIO a Estados Unidos durante el primer año de instituto. Qué fuerte. Si lo conseguía, ¡teníamos que ir a visitarla!

Polina nos dijo que ella había estado en Nueva York haciendo un curso de ballet clásico y, aunque le pareció que hacía tanto frío como en Rusia, el centro de **MANHATTAN** le encantó.

Solo había estado fuera de San Petersburgo esa vez y estos días que estaba pasando en España, pero ahora que había visto el buen tiempo que hacía en Benidorm y lo simpáticos que eran todos aquí, no tenía claro cuál de los dos sitios le gustaba más.

—¡Qué dices! —dijo Ana con cara divertida—. ¡Es imposible que Benidorm sea mejor que Nueva York! Con esos **EDIFICIOS** enormes y todas las luces de **NEÓN** por la noche... ¡Y allí viven todos los **FAMOSOS**! Estoy segura de que, cuando vaya, giraré una esquina y... ¡Pum! ¡Me chocaré con Shawn Mendes!

Ana hizo una representación dramática de su

encuentro con el cantante y no pudimos parar de reír.

Jo ¡cómo la había echado de menos!

—Pero los famosos dan igual. ¡Nunca se ven! Van disfrazados o con gorras y gafas de sol. No os riais, ¡es verdad! —interrumpió Polina—. Allí la gente es... ¿cómo se dice? Más cerrada. Aquí todo el mundo es simpático.

—Eso es porque has conocido a mis amigos, que son lo **MÁS** —dije sonriente. Ana puso cara de satisfacción y me abrazó todo lo fuerte que pudo. Yo intenté continuar hablando a pesar de que me estaba apretando como si fuese una serpiente pitón.

—Solo hay que ver las fiestas que organizan. Ha sido increíble, de verdad. Me lo he pasado genial.

—¡Yo también! Mi parte preferida ha sido cuando os habéis subido todos al escenario a bailar *Baby Shark*. ¡Casi me muero de la risa! No sabíamos si funcionaría. Menos mal que no me he quedado yo sola haciendo el baile del tiburón —dijo Ana, aflojando los brazos y dejándome respirar un poco.

Para mí, lo más guay había sido oír a Polina cantar la canción en el karaoke. ¡Nos había dejado **ALUCINADOS** a todos! Le dije que había mejorado un montón desde la última vez y que tenía que ayudarme a practicar. Me moría de ganas de cantar con ella y hacer algún dúo. Ya habíamos grabado un vídeo de baile juntas (el baile de los dedos, ¿te acuerdas?); ¡ahora faltaba uno musical!

Y TÚ,

¿QUÉ RETOS QUIERES INTENTAR HACER?

¡APÚNTALOS EN ESTA LISTA!

—¿Y cuál ha sido tu momento preferido, Polina? —le preguntó Ana. Mi amiga rusa reflexionó un momento y, de repente... ¡se le pusieron las **OREJAS ROJAS**! ¿Qué le había pasado?

—Pues creo que... Me ha gustado la canción de Taylor Swift.

—¿La que ha cantado Jorge? —dije yo después de pensar un rato.

—Sí. Lo ha hecho muy bien, ¿no?

Ana y yo nos quedamos calladas un momento, pensando en Jorge y en su baile del helicóptero. A ver, sí, era verdad que había ganado el reto, pero cuando bailaba parecía un espantapájaros. Me giré hacia Ana y me di cuenta de que las dos estábamos pensando lo mismo. ¿Sabes cuando te miras con tu mejor amigo y da igual que esté al otro lado de la clase o de la habitación; os entendéis perfectamente? Pues así estábamos Ana y yo.

—¿No será... que te gusta Jorge? —sugirió Ana con cara divertida. Polina se tapó las orejas con las manos rápidamente.

—¡No, para nada! Bueno, es alto y muy divertido. Y tiene ideas muy buenas. Y le quedan bien las gafas, ¡pero nada más! —Poco a poco se iba poniendo más y más nerviosa. ¡Estaba monísima! Las tres nos reímos un poco y Polina acabó enterrando la cara en uno de mis cojines, muerta de vergüenza.

—¡No pasa nada! Es verdad que es un chico genial, no me extraña que te guste... ¡solo un poco! —añadí antes de que Polina me tirase el cojín a la cabeza. Yo me reí y le tiré otro, que aterrizó en el pelo de Ana. Sin querer, ¡habíamos empezado una guerra de cojines sin cuartel!

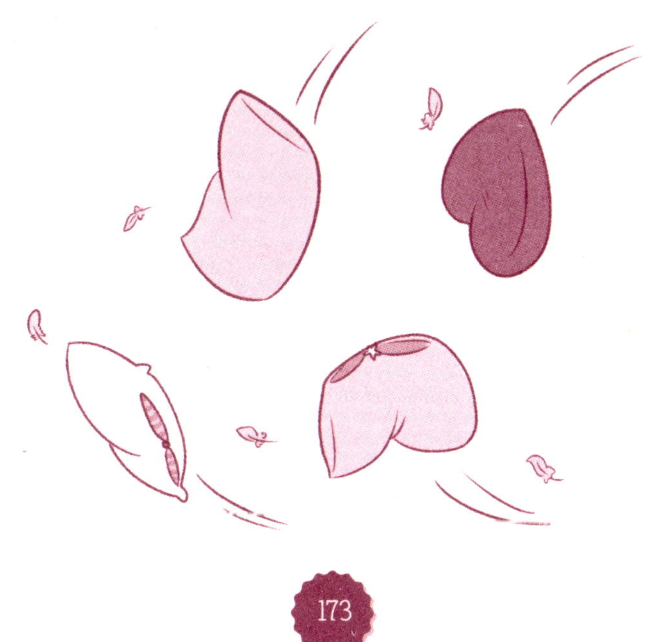

Estaba a punto de recibir un cojinazo de Ana cuando de golpe **SONÓ MI MÓVIL**. Alguien me había enviado un mensaje. Alargué la mano para cogerlo cuando, de repente, el de Ana se puso a **VIBRAR SIN PARAR**. Empezaron a llegarnos un montón de mensajes a las dos, como si todos nuestros contactos se hubiesen puesto de acuerdo en escribirnos a la vez.

—Pero ¿qué está pasando? —soltó Ana mientras desbloqueaba su teléfono.

Miré la pantalla y me quedé **FLIPANDO**. ¡Había por lo menos treinta mensajes! Me di cuenta de que todos venían del mismo grupo de chat, el que compartíamos Ana y yo con todos mis amigos de Benidorm. Por eso nos había sonado el móvil a las dos a la vez. Intrigadas, empezamos a leer.

En cuanto Ana respondió al mensaje, todos se volvieron locos. Casi no me daba tiempo ni de leer lo que estaban escribiendo.

Lucía: Estás con Daniela? Tenéis que mirar el vídeo!!!

Ana: Sí, estoy con Daniela! Qué vídeo? DE QUÉ ESTÁIS HABLANDO!?

Jorge: Nuestro vídeo de TikTok!

Paula: Jorge ha subido vuestro vídeo de TikTok!!!

Daniela: Me vais a petar el móvil!! Qué pasa con el vídeo?

Lucía: Entra en el TikTok de Jorge! Vas a flipar!!!

Entré en TikTok y busqué el perfil de Jorge tan **RÁPIDO** como pude. Estaba empezando a asustarme. ¿Qué había podido pasar? Miramos el perfil y el

último vídeo que había subido era el que habían grabado con su equipo para la Guerra de Likes. Hasta ahí, todo **NORMAL**. Pero cuando miramos el número de «me gusta»...

—... No puede ser —dijo Ana.

Polina tenía la boca tan abierta que parecía que iba a tocar el suelo con la barbilla. Yo no podía creérmelo. El contador de likes marcaba... **¡CINCUENTA MIL!**

Nos pusimos a gritar y a saltar encima de la cama. ¡El vídeo se había hecho viral! En unas pocas horas lo habían visto doscientas mil personas! **¡DOSCIENTAS MIL!** Era una pasada, teniendo en cuenta el poco tiempo que había pasado desde que lo publicaron y que Jorge no tenía más seguidores de lo normal. ¡Era un **BOMBAZO**! Si seguía así, en pocas horas llegaría a los cien mil likes, y eso ya eran palabras mayores. Pero lo mejor no era eso.

—Chicas chicas, ¡mirad! —Polina señaló la pantalla del móvil de Ana.

Debajo de las visualizaciones estaban los comentarios de la gente. ¡Y había un **HASHTAG**! Lo habían llamado el *#PortalChallenge*, que es algo así como el «Reto del Portal». Ya empezaba a haber gente que lo había **IMITADO**. ¡Era una locura!

Nos pasamos un rato mirando los comentarios y los vídeos de la gente que había intentado hacer el mismo truco que Ana, Lucía y Jorge. Había **VARIACIONES** superchulas; gente que lo había hecho disfrazada, gente que lo había intentado en bañador... ¡Y unos que salían corriendo en **ROPA INTERIOR** hacia el final del vídeo! Con ese nos reímos un montón.

—Creo que hemos conseguido que el día de hoy sea tan o más guay que ir al parque de atracciones —dijo Ana de repente. Y tenía toda la razón.

Habíamos cantado, habíamos bailado... ¡hasta habíamos conseguido hacer un **VÍDEO VIRAL**! Y todo eso sin movernos de mi jardín. No me podía ni imaginar la de **LOCURAS** que nos esperaban en el parque de atracciones. Miré a mis dos amigas y me sentí la chica más afortunada y feliz del mundo. Era verdad que, estuviésemos donde estuviésemos e hiciésemos lo que hiciésemos, si íbamos juntos seguro que nos lo pasaríamos... **¡YIPPEE!**

DIARIO DE

¿HAS LEÍDO EL PRIMER LIBRO DE

DANIELA GOLUBEVA?

¡NO TE PIERDAS EL VIAJE MÁS YIPPEE
QUE PUEDAS IMAGINAR!